A eucaristia,
sacramento
de nossa fé

Walter Kasper
George Augustin
(orgs.)
Bruno Forte — Kurt Koch

A eucaristia, sacramento de nossa fé

Tradução:
Gabriel Frade

Edições Loyola

Título original:
La eucaristía, sacramento de nuestra fe,
edited by Walter Kasper and George Augustin
© Editorial Sal Terrae, 2021
– Grupo de Comunicación Loyola, Bilbao (Spain)
c/ Padre Lojendio, 2, 2º – 48008 Bilbao – Spain – gcloyola.com
© Kardinal Walter Kasper Institut, 2021
Director: Prof. Dr. George Augustin
ISBN 978-84-293-3016-8

O presente volume foi publicado com a colaboração
do Instituto de Teologia, Ecumenismo e Espiritualidade
"Cardeal Walter Kasper", com sede na Escola Superior
de Filosofia e Teologia de Vallendar (Alemanha).

Dados Internacionais de Catalogação na Publicação (CIP)
(Câmara Brasileira do Livro, SP, Brasil)

A eucaristia, sacramento de nossa fé / Walter Kasper, George Augustin (orgs.) ; [tradução Gabriel Frade]. -- São Paulo : Edições Loyola, 2022. -- (Sacramentária)

Título original: La eucaristía, sacramento de nuestra fe
ISBN 978-65-5504-165-1

1. Cristianismo 2. Eclesiologia 3. Eucaristia - Celebração 4. Pastoral - Cristianismo 5. Sacramentos I. Kasper, Walter. II. Augustin, George. III. Série.

22-105081   CDD-234.163

Índices para catálogo sistemático:
1. Eucaristia : Sacramentos : Cristianismo   234.163

Maria Alice Ferreira - Bibliotecária - CRB-8/7964

Capa e diagramação: Ronaldo Hideo Inoue
    Composição a partir das imagens
    de © Michal e © Reimar. © Adobe Stock
Revisão: Rita Lopes

Edições Loyola Jesuítas
Rua 1822 nº 341 – Ipiranga
04216-000 São Paulo, SP
T 55 11 3385 8500/8501, 2063 4275
editorial@loyola.com.br
vendas@loyola.com.br
www.loyola.com.br

Todos os direitos reservados. Nenhuma parte desta obra pode ser reproduzida ou transmitida por qualquer forma e/ou quaisquer meios (eletrônico ou mecânico, incluindo fotocópia e gravação) ou arquivada em qualquer sistema ou banco de dados sem permissão escrita da Editora.

ISBN 978-65-5504-165-1

© EDIÇÕES LOYOLA, São Paulo, Brasil, 2022

Sumário

Prólogo 7

1 *Mysterium fidei*
— A eucaristia como centro
e cume da vida cristã 11
Walter Kasper

I 12
II 15
III 16
IV 18

2 Crer na eucaristia,
amá-la e celebrá-la 21
George Augustin, SAC

1. Eucaristia: o mistério da vida 23
2. Eucaristia como lugar
   de salvação em plenitude 25
3. A presença real de Cristo na eucaristia 28
4. A entrega da vida de Jesus e sua atualização 31
5. A participação ativa na celebração
   eucarística como nossa entrega a Deus 33
6. A celebração da eucaristia
   como adoração de Deus 39
7. A comunhão como encontro com Cristo 43
8. A antecipação da consumação celestial 45
9. A missão eucarística ao mundo 48

3 A eucaristia como encontro com o Ressuscitado 53
Bruno Forte

1. A experiência do Ressuscitado nas origens do movimento cristão 53
2. A eucaristia, memória pascal e representação do encontro com o Ressuscitado 57
3. A eucaristia e o tríplice êxodo de Jesus e do discípulo 59
   a. Discípulos do Único 59
   b. Servos por amor 60
   c. Testemunhas do sentido 61

4 A Igreja celebra a eucaristia — A eucaristia edifica a Igreja 63
Kurt Koch

1. Imanência recíproca de eucaristia e Igreja 63
2. A última ceia de Jesus como ato fundante da Igreja 65
3. A Eucaristia como sacramento da Unidade 68
4. Dimensão eclesial da eucaristia 70
5. A eclesiologia de comunhão como eclesiologia eucarística 73
   a. Concepção litúrgico-cultual da Igreja 74
   b. Rede eclesial universal de comunidades eucarísticas 77
6. Eucaristia e comunhão eclesial 79
7. A eucaristia como constituição e identidade da Igreja 83

Sobre os autores 87

Prólogo

A celebração da eucaristia é o lugar preeminente para o encontro com Deus; nela, Deus nos torna partícipes da vida divina. Na eucaristia está presente em plenitude o amor de Deus como dom. Essa presença eucarística como dom pleno de seu amor possibilita uma compreensão multidimensional para vislumbrar e experimentar no mistério eucarístico o que supera nossos desejos e pensamentos, pois é o próprio Senhor ressuscitado quem está presente sacramentalmente na eucaristia com toda sua obra redentora e nela atua salvificamente.

A eucaristia é o compêndio da fé cristã, o núcleo e o eixo da vida cristã. É também o fundamento da concepção eclesial católica; pois a Igreja celebra a eucaristia como fonte e cume de sua vida. A Igreja nasceu da eucaristia e esta se configura como fundamento pelo qual e para o qual se dá a Igreja. Ao celebrar a eucaristia, a Igreja é alimentada permanentemente, renovada continuamente e edificada incessantemente. "Da liturgia, portanto, mas da eucaristia principalmente, como de uma fonte se deriva a graça para nós e com a maior eficácia é obtida aquela santificação dos homens em Cristo e a glorificação de Deus, para a qual, como a seu fim, tendem todas as demais obras da Igreja" (SC 10). Confortados pela recepção do corpo de Cristo na celebração eucarística, mostramos de um modo concreto a unidade universal do povo de Deus, significada com propriedade e maravilhosamente realizada por esse sacramento (LG 11). A eucaristia é "o coração palpitante da Igreja, que a está engendrando continuamente, a reúne e lhe dá força" (Papa Francisco).

Por isso, tudo o que a Igreja estabelece e faz, seus sacramentos, seus ministérios e serviços, suas atividades diaconais e apostólicas, o Concílio Vaticano II claramente o ordenou, em última instância, à eucaristia: "Os demais sacramentos, como aliás todos os ministérios eclesiásticos e tarefas apostólicas, se ligam à sagrada eucaristia e a ela se ordenam. Pois a santíssima eucaristia contém todo o bem espiritual da Igreja, a saber, o próprio Cristo, nossa Páscoa e pão vivo, dando vida aos homens, através de sua carne vivificada e vivificante pelo Espírito Santo. Dessa forma, são os homens convidados e levados a oferecerem a si próprios, seus trabalhos e todas as coisas criadas junto com ele. Assim a eucaristia se apresenta como fonte e ápice de toda evangelização, pois já os catecúmenos são introduzidos pouco a pouco a participar da eucaristia, e os fiéis, uma vez assinalados pelo santo batismo e confirmação, acabam por inserir-se plenamente pela recepção da eucaristia no Corpo de Cristo" (PO 5).

Chegar a compreender, viver e celebrar o mistério da eucaristia é um processo espiritual de toda a vida para cada fiel individualmente e para toda a Igreja; mais ainda em uma época em que a inteligência da eucaristia vai se desvanecendo cada vez mais e a fé eucarística parece se perder. A significação profunda do sacramento de todos os sacramentos se torna perceptível quando o entendemos crendo e o cremos entendendo, quando o celebramos amando e o amamos celebrando, para deixar nos inserir no mistério da autodoação de Jesus e nos movermos nele, alegres e esperançosos. Essa revitalização contínua da fé eucarística é a missão primordial própria da Igreja. A eucaristia proporciona à Igreja sua identidade espiritual: como instrumento de salvação torna presente a redenção de Jesus Cristo.

Onde a eucaristia é celebrada e vivenciada na fé como lugar de encontro com Deus e de glorificação de Deus, ali se desdobra uma nova energia espiritual na Igreja. Portanto, o imperativo do momento é uma virada espiritual urgente na Igreja. Somente a revitalização da fé eucarística pode dar lugar às condições que garantam o contínuo crescimento da comunhão dos fiéis em sua relação com Jesus Cristo. Com esse húmus espiritual a Igreja pode se renovar e crescer novamente. Com base nessa perspectiva espiritual podemos ver sob nova luz muitas questões de nosso tempo.

É um fato na atualidade da Igreja que a maior parte dos batizados não participam regularmente na eucaristia dominical. Os

Prólogo

motivos para isso são variados, e diferentes conforme cada Igreja particular. O fato em si deve produzir em nós tristeza e provocar questionamentos autocríticos: Fizemos todos os esforços possíveis e utilizamos nossos recursos para animar e convidar as pessoas para se encontrarem com o Senhor da vida na eucaristia, obtendo dele a força para uma vida bem-sucedida? Temos suficiente cuidado em incrementar a participação na celebração eucarística, de modo que tantos fiéis, por quanto seja possível, encontrem na eucaristia o Senhor ressuscitado, presente entre nós? A meu ver, o problema primário não é que a oferta de celebrações eucarísticas seja escassa, senão que em muitas Igrejas locais a eucaristia é celebrada ordinariamente em igrejas quase vazias. Não teria que ser então o "sagrado dever" de participar na celebração eucarística o tema prioritário na formação eclesial das consciências?

Por essa razão, a dimensão essencial da nova evangelização deve ser o estímulo aos fiéis para que descubram a presença do Senhor na eucaristia. Faz parte disso a abertura de novos acessos ao mistério da eucaristia, para que os fiéis vislumbrem a necessidade de ir ao encontro do Senhor eucarístico e de receber em sua presença salvação e redenção, uma vida plena. Trata-se de abrir em sua plenitude o mistério da presença de Deus. Quanto mais intensa for a vivência da Igreja como lugar de Deus tanto mais crescerá também sua força de irradiação.

A verdadeira renovação da Igreja só poderá brotar da fonte eucarística. O rejuvenescimento da Igreja ocorre na medida em que revitalizamos nossa fé eucarística e nos deixamos transformar pelo encontro eucarístico com o Senhor. A experiência da história mostra que só podemos superar a crise de fé na Igreja se despertamos a aspiração pelo encontro com o Senhor ressuscitado na eucaristia e abrimos aos fiéis um novo acesso a ela. Onde quer que floresça uma espiritualidade eucarística, ali irradiará uma Igreja mental e espiritualmente renovada, desdobrando uma nova força de atração divina.

Mediante a *communio* vivida com o Senhor eucarístico, cresce a *communio* vertical com Deus e se intensifica a comunhão horizontal entre nós. Também para o sucesso do ecumenismo é central essa unidade-*communio* vivida. Pois a desejada unidade da Igreja depende essencialmente de as Igrejas cristãs conseguirem alcançar um consenso teológico-espiritual sobre a eucaristia.

Nós, coautores deste presente volume, desejamos trazer à memória a eucaristia como núcleo central e íntimo da vida cristã e eclesial, e estimular a participação com fé em sua celebração. Motiva-nos a esperança de que nossas contribuições sirvam para a revitalização da fé eucarística e para uma compreensão mais profunda da eucaristia, assim como para inflamar novamente e multiplicar o amor ao Senhor eucarístico.

George Augustin, SAC
Vallendar, 22 de janeiro de 2021
Na festa de São Vicente Pallotti

1

Mysterium fidei
— A eucaristia como centro e cume da vida cristã[1]

Walter Kasper

Mysterium fidei, "Eis o mistério da fé!": assim proclama o sacerdote cada vez que a celebração da eucaristia alcança seu ponto culminante após as palavras da instituição (ou, como dizemos tradicionalmente, após as palavras da consagração). A comunidade responde então com um louvor solene (doxologia): "Anunciamos, Senhor, a vossa morte e proclamamos a vossa ressurreição. Vinde, Senhor Jesus!".

A proclamação do celebrante e a resposta da comunidade expressam o mistério central da eucaristia, mais ainda, de toda a nossa fé cristã. A mensagem da morte e ressurreição de nosso Senhor Jesus Cristo torna-se aqui e agora presente como celebração antecipada de sua desejada vinda na glória. De modo semelhante aclamava com júbilo entusiasta a comunidade primitiva de Jerusalém a fração eucarística do pão: "*Marána tha*", "Sim, vinde Senhor Jesus, vinde logo" (1Cor 16,22). Significativamente é também o grito com que se conclui o último livro da Bíblia, o Apocalipse de João (Ap 22,2). É a palavra última que a Bíblia nos proporciona para o caminho.

---

[1] Título original: *"Mysterium fidei* — Die Eucharistie als Mitte und Höhepunkt christlichen Lebens". Inédito.

A eucaristia, sacramento de nossa fé

Não se pode formular de uma maneira mais estimulante e concentrada o mistério da fé cristã, a ditosa esperança na vinda definitiva do reinado de Deus e sua justiça e o amor de Deus, que se expressa na fração e distribuição do pão eucarístico. Essas duas palavras: *Mysterium fidei*, "o mistério da fé", exprimem os fundamentos, a essência e a significação da eucaristia como centro e cume da vida cristã.

I

Atualmente temos uma relação ambivalente com a palavra *Geheimnis* (mistério, segredo, em alemão). Possui uma ressonância suspeita aos nossos ouvidos quando escutamos falar de sigilo, atividades clandestinas, documentos secretos, polícia secreta, arquivo secreto, segredo pontifício. Não haveria aí algo não correto, que deve ficar dissimulado e escondido sob o tapete? Outros, quando ouvem falar de mistério, pensam em saberes supersticiosos e ritos mistéricos ocultos, em encantamentos, magias ou a qualquer esoterismo que evita a claridade da luz.

Paulo não tinha em mente nada disso quando falava do *mystérion*, isto é, do eterno desígnio salvífico divino, que Deus concebeu para nossa salvação antes da fundação do mundo e que agora, com a mensagem da morte e ressurreição de Jesus Cristo, é proclamado e anunciado em público como evangelho, como boa e alegre notícia que proporciona a todos os seres humanos ânimo, consolo e esperança (Rm 16,25s; 1Cor 2,7; Ef 3,4-5; Cl 1,26).

Com isso, a apóstolo pretende nos dizer: o mundo e vossa vida não são um obscuro emaranhado, uma loucura sem sentido; o mundo não é um mero produto do acaso, como um fogo de artifício que se solta no ano novo e, em seguida, se desvanece. Nós, seres humanos, não somos como uma estrela cadente, que aparece brilhando no céu, para logo se apagar e cair; nem como uma flor, que floresce cheia de beleza e logo murcha, morrendo e retornando ao ciclo da natureza. O mundo em que vivemos não é apenas o resultado e uma evolução de milhões de anos, que continua a se estender até o infinito, até que, por fim — na linguagem das imagens apocalípticas da Bíblia —, as potências do cosmos sejam sacudidas, as estrelas do céu caiam e o universo colapse em si próprio, a não ser que nós mesmos, os humanos — como estamos temendo na atualidade —, provoquemos o apocalipse com nosso delírio de grandezas.

Não, diz o apóstolo. Deus, que é desde toda a eternidade, já antes da fundação do mundo, antes ainda que algo nem sequer existisse e antes até mesmo de chamar tudo à existência a partir do nada, pensou em nós, os seres humanos, e em nossa salvação, nos abençoou de antemão desde o céu (Ef 1,3s), concedendo a cada um de nós a luz da vida (Jo 1,9), uma bússola para nos guiar pelo frequentemente obscuro caminho da vida. Sim, a cada um de nós, com nosso nome, nos teceu desde a eternidade no seio materno. "Quando ia me formando no oculto, teus olhos viam meu embrião" (Sl 139,13.16). Junto à sarça ardente, Deus se revelou como quem vê nossa miséria e escuta nossos clamores; seu nome é "Sou o que sou" (Ex 3,14), que significa: estou aí convosco e junto a vós, vos acompanho e vos conduzo. Na plenitude do tempo chegou até o extremo; quis compartilhar nossa condição humana, tornou-se homem para ser igual a nós em tudo e para que nós fôssemos iguais a ele e tivéssemos parte em sua vida (Jo 1,14; Ef 1,10).

Quando na cruz tudo pareceu chegar ao fim, o sol se obscureceu e as potências da violência e o ódio pareciam ter vencido, arrancando Deus do caminho, Deus estabeleceu um novo começo na ressurreição de seu Filho, fundando nova vida, reconciliando tudo consigo e nos dando a esperança de um céu novo e uma terra nova. A morte e ressurreição de Cristo se tornaram assim o momento crucial, o centro do mundo e da história.

Páscoa é o ponto arquimediano. Esse termo faz referência a uma frase de Arquimedes, que disse poder levantar sozinho a Terra se tivesse um ponto de apoio e uma alavanca de grandeza suficiente. Deus é o ponto: não tem apenas na mão a alavanca, mas também a manejou na Páscoa. Páscoa é a sacudida cósmica, que fez estremecer e transformou tudo. É o ponto de apoio arquimediano, no qual podemos ser erguidos, ficar de pé e não cair no vazio do nada. Páscoa é o mistério de nossa fé manifestado.

Assim o exprime a Carta aos Colossenses: "Ele [Cristo], existe antes de tudo; tudo nele se mantém, e ele é a cabeça do corpo, que é a Igreja. Ele é o começo, o Primogênito entre os mortos, a fim de ocupar em tudo o primeiro lugar. Pois aprouve a Deus fazer habitar nele toda a plenitude e tudo reconciliar por meio dele e para ele, na terra e nos céus, tendo estabelecido a paz pelo sangue de sua cruz" (Cl 1,17-20).

No batismo somos batizados na cruz e ressurreição de Cristo, somos submergidos em sua morte para viver uma vida nova com a esperança de tomar parte na ressurreição de Cristo (Rm 6,3-11). "Com alegria, dai graças ao Pai que vos tornou capazes de partilhar da herança dos santos na luz. Ele nos arrancou ao poder das trevas e nos transferiu para o reino do Filho do seu amor; nele somos libertos; nossos pecados são perdoados" (Cl 1,12s).

O batismo é o fundamento da vida nova. A eucaristia é o ponto culminante. Pois na celebração da eucaristia estamos cumprindo o testamento de Jesus: "Fazei isto em memória de mim" (Lc 22,19; 1Cor 11,24). Não apenas devemos fazer memória pessoalmente da morte e ressurreição de Cristo, mas se, como pede Jesus, comemos o pão e bebemos do cálice da eucaristia, anunciamos a morte de Jesus até que ele venha — como diz Paulo (1Cor 11,26). Em cada celebração eucarística torna a se fazer presente novamente o que é o mistério da fé. Além disso, celebramos que a escuridão da morte e o poder tenebroso do mal foram vencidos e com a Páscoa amanheceu a luz da vida nova. Mais ainda! Torna-se presente o Senhor ressuscitado e glorificado e, se comemos do único pão que é o corpo de Cristo, nos tornamos um corpo com ele (1Cor 10,17).

Os Padres da Igreja nos dizem isso concretamente: "Passamos a ser aquilo que recebemos" (São Leão Magno, *Sermo* 53,7). Santo Agostinho chegou a dizer: "Vosso mistério está sobre a mesa do Senhor. Sede o que vedes e recebei o que sois. Recebei o corpo de Cristo, sede o corpo de Cristo" (*Sermo* 272). A eucaristia é "sinal de unidade, vínculo de caridade" (*In Ioan*. 26,13). Nela se torna realidade a essência mais profunda da Igreja, sua unidade em Cristo. A Igreja celebra a eucaristia e vive, ao mesmo tempo, da eucaristia, viático para a vida nova.

Confessamos este mistério da fé quando dizemos: "Anunciamos, Senhor, a vossa morte e proclamamos a vossa ressurreição. Vinde, Senhor Jesus!". O mistério não é alguma coisa, mas é uma pessoa concreta. Jesus Cristo é a luz da vida, a luz do mundo (Jo 8,12). Veio ao mundo como luz, para que todo aquele que nele crê não fique nas trevas (Jo 12,46).

Assim, a celebração eucarística é, por sua própria essência, fonte e cume da vida cristã (LG 11). É o centro e o cume da vida eclesial. A celebração dominical da eucaristia não é um preceito eclesiástico oneroso que nos é imposto autoritariamente, mas sim algo que pertence à identidade íntima de nosso ser cristão e eclesial.

II

Nossa reflexão girou até neste instante em torno da palavra mistério; agora queremos fazer uma reflexão sobre o que significa a eucaristia ser um mistério de fé. Considerado superficialmente, isso quer dizer que esse mistério não é objeto do saber, mas antes deve ser crido. Contudo, crer não significa ter alguma opinião arbitrária, algum vislumbre sentimental sobre certos conteúdos dos quais nada se sabe com precisão. Certamente a fé não é um saber dedutível e demonstrável por meio de uma mera racionalidade. Mas nem por isso é menos saber, na verdade é mais do que um mero saber. Crer é saber sobre a vida e sabedoria vital. Alguém pode saber muito e, entretanto, não ser sábio. Crer significa saber o que em última análise importa, saber aquilo sobre o qual alguém pode construir a própria vida e no qual seja possível confiar sua vida até as últimas consequências, aquilo sobre o qual se responde, pelo qual se arrisca e se compromete a vida e pelo qual, se for necessário, se entrega a própria vida, do mesmo modo como Jesus Cristo entregou a sua por nós.

Essa sua entrega, em doação própria, se torna presente na eucaristia. Concretiza-se toda vez que celebramos e recebemos a eucaristia, quando ele se nos dá por inteiro e nós, por sua vez, nos damos a ele. Estamos acostumados a falar de comungar: é mais que a recepção do pão eucarístico; é que a *communio*, a comunhão de vida e de amor, se torna realidade. Ele em nós e nós nele.

A conexão interna de eucaristia e fé se torna patente no discurso eucarístico do capítulo 6 do Evangelho de João. Na primeira parte desse discurso diz Jesus que ele é o verdadeiro pão da vida (Jo 6,35.48). É a substância da qual alguém pode se alimentar e viver pela fé, e da qual viverá eternamente. "Aquele que crê tem a vida eterna" (Jo 6,47). Suas palavras são espírito e vida (Jo 6,63). Em seu discurso de despedida, Jesus diz: "Ora, a vida eterna é que eles te conheçam a ti, o único verdadeiro Deus, e àquele que enviaste, Jesus Cristo" (Jo 17,3). Em João 6,51, segunda parte, ele diz que não é apenas o pão da vida, mas que também o dá: sua carne para a vida do mundo. Quem come sua carne e bebe seu sangue tem a vida eterna: "permanece em mim e eu nele" (Jo 6,54.56-58). Esse mistério de intimidade recíproca foi ilustrado por Jesus com a imagem da videira e dos ramos (Jo 15,1-8). É o mistério da fé.

III

Isto não é simplesmente uma meditação de tom piedoso. O que foi dito implica consequências, das quais falaremos agora. Uma consequência, a mais importante, foi desenvolvida pelos Padres da Igreja e pelos teólogos da Alta Idade Média. Considerando que se trata de um mistério da fé, distinguiu-se entre *manducatio oralis*, a recepção da comunhão com a boca, e *manducatio spiritualis*, a comunhão espiritual na fé e com o coração.

Com isso eles não se referem a uma comunhão no lugar da comunhão corporal, uma comunhão supletória ou de desejo. Essa tem sua importância, quando alguém não pode acudir à eucaristia por boas razões, embora o aspire e deseje. Então, vale o *crede et manducasti*, "crê e terás comido" (Santo Agostinho, *In Ioan*. 25,12). Então, recebes Cristo pela fé e estás em comunhão pessoal com ele (DS 1648). Mas, antes de tudo, trata-se do seguinte: na comunhão corporal, sacramental, deve estar implicado também o coração. A mera comunhão com a boca não aproveita nada. Somente na fé é possível comungar realmente, ser um com Jesus. Somente a recepção crente é uma recepção digna e frutuosa.

Meramente recepção externa e participação na eucaristia apenas como sinal coletivo de vinculação social, nada aproveita, não conduz à salvação, mas sim ao juízo. O apóstolo Paulo expressa isso inequivocamente: "Examine-se casa um a si mesmo, antes de comer deste pão e beber deste cálice; pois quem come e bebe sem discernir o corpo come e bebe a própria condenação" (1Cor 11,28).

Isso quer dizer que é necessário fazer um exame de consciência antes da comunhão. Cada um, antes de ir comungar, deve se perguntar: Creio de verdade no que aí ocorre, e o creio, não apenas com a cabeça, mas com a vida? A comunhão se encaixa na minha vida ou eu teria que mudar minha vida primeiro? Esse é o sentido de que no começo de toda celebração eucarística façamos um ato penitencial e peçamos perdão pelos nossos pecados. Ninguém é digno, e muito menos digníssimo, nem mesmo um bispo ou um cardeal. Por isso dizemos: "Senhor, eu não dou digno de que entreis em minha morada, mas dizei uma palavra e serei salvo". Isso não significa que alguém deva ser excessivamente escrupuloso e temeroso. Na comunhão vem em nosso encontro o Senhor, que morreu por nossos pecados e debilidades cotidianas (DS 1638; 1655). A comunhão não é um prêmio ou recompensa pelo nosso comportamento moral, é sempre um dom.

A conexão entre fé e comunhão se torna patente uma vez mais quando o sacerdote, ou o ministro da comunhão, a distribui dizendo: "O Corpo de Cristo" e o/a comungante deve responder: "Amém", assim o creio. Assim o creio não significa apenas: Sim, conheço e afirmo as respostas correspondentes do catecismo. Certamente seria necessário conhecê-las, mas a fé é mais do que ter por verdadeiras algumas fórmulas. Deve ser uma fé viva e vivida.

Finalmente, segue na liturgia a chamada oração "depois da comunhão". Às vezes a chamamos de oração final, que é não dizer nada. Nessa oração pedimos que a comunhão nos dê salvação de alma e corpo, nos cure de nossas debilidades, nos salve e nos santifique, penetre nossa vida inteira, nos console e anime e nos ajude a transmitir o amor que temos recebido. Não se pode ir comungar e logo depois, na porta da igreja, murmurar contra os outros, ou no dia seguinte crucificar alguém e fazer armar-lhe uma cilada. Recebê-la com a boca, recebê-la no coração, tem de mudar nossa vida e dar crédito ao viver. O mistério da fé deve ser o mistério interior, a alma de nossa vida.

Se tivermos presente esse grande contexto, fica evidente que a eucaristia é o centro e o cume da vida cristã e eclesial. É a substância e a energia das quais vivemos. É nossa identidade cristã.

Isso me faz lembrar algo que ocorreu nas histórias dos mártires dos primeiros séculos. Quando durante a perseguição de Diocleciano se proibiram aos cristãos com dureza extremada as assembleias eucarísticas, muitos valentes se opuseram ao edito imperial e assumiram a morte, só para não faltar na celebração eucarística dominical. Isso ocorreu com os mártires de Abilene, na África proconsular, que responderam aos seus acusadores o seguinte: "Celebramos a ceia do Senhor sem temor algum, pois não se pode adiar: é nossa lei"; "Não podemos viver sem a ceia do Senhor". E uma das mártires confessou: "Claro que sim, fui à assembleia e celebrei com meus irmãos a ceia do Senhor, pois sou cristã" (PL 8,707.709s).

IV

Isso me leva a uma reflexão conclusiva. Por causa da atual crise sanitária, muitas pessoas se viram forçadas a um jejum de eucaristia. Na minha juventude vivi a época da Segunda Guerra mundial e sei como foi nas últimas décadas, nem sempre foi assim e não há porque ter de ser sempre assim. Os mais jovens estão tendo agora a experiência de que nem tudo está acontecendo simplesmente como nos acostumamos já há décadas. E quem é realista sabe também que mais à frente as coisas não voltarão a ser como eram. A crise deixará marcas profundas e persistentes não só na vida econômica, como também na experiência total da vida.

Minha primeira sensação foi de que, em meio a uma vida cada vez mais rápida, se introduziu repentinamente uma desaceleração.

Na economia estava tudo cronometrado, na vida privada não se podia perder um minuto; era necessário correr de um trabalho para o outro, de um evento para o próximo. Cada vez era maior a velocidade. Agora, na Roma tão caótica e frequentemente barulhenta até de noite, de repente tomou lugar uma tranquilidade não usual. Não há turistas e as pessoas, que no âmbito mediterrâneo estão acostumadas e gostam de se juntar à noite nos bares e nas varandas, agora ficam em casa. Simplesmente tudo é diferente.

A isso se soma uma segunda vivência. A mesma que eu experimentei no dia de sábado entre os judeus praticantes de Israel e nos Estados Unidos. Tudo descansa então. Tudo, como diz a Bíblia, homens e animais, também os escravos. Eu pensava: Não se tornaram todos escravos, escravos de uma ordem imposta pela economia e a técnica, escravos dos encontros, distrações e conversas cotidianas, muitas vezes intranscendentes? Por acaso não temos de aprender novamente a desacelerar nossas vidas, a ter tempo e sossego, em suma, a celebrar o descanso sabático e observar o domingo como dia do Senhor? Não necessitamos um novo ordenamento sabático?

Para os cristãos, o sábado é o domingo, o dia da ressurreição do Senhor; e cada domingo é uma pequena festa de Páscoa, um dia que nos arranca do cinza do dia a dia, uma festa da vida liberta. É o dia em que nos reunimos para celebrar a eucaristia; mas é, além disso, o dia das pessoas, em que entramos em nós mesmos, em que temos tempo para a vida em família, para encontrar com os amigos, para visitar os anciãos e doentes. Um ordenamento sabático como esse serviria para humanizar a vida[2].

A crise global é um sinal de alarme, um chamado à conversão, um chamado ao tempo sabático com ordem originária, ao ordenamento sabático da eucaristia como centro e cume da vida.

---

2 Tudo isso está muito bem exposto na carta apostólica de João Paulo II, "*Dies Domini*, sobre a santificação do domingo" (1988), infelizmente pouco levada em consideração. Para consultar esse documento, ver <http://www.vatican.va/content/john-paul-ii/pt/apost_letters/1998/documents/hf_jp-ii_apl_05071998_dies-domini.html>. Acesso em: 19 abr. 2021.

2

Crer na eucaristia, amá-la e celebrá-la[1]

George Augustin, SAC

Jesus Cristo redimiu a humanidade inteira por meio de sua morte e ressurreição[2]. A aceitação dessa redenção objetiva destinada a todos os seres humanos é levada a cabo mediante uma vida cristã. Todo cristão é convidado, como seguidor de Jesus Cristo, a acolher subjetivamente a redenção objetiva em Cristo. Toda a vida cristã é uma apropriação pessoal, em confiança e amor, da redenção de Cristo. Nisso consiste o autêntico sentido do seguimento de Cristo e do crescimento na vida espiritual. A apropriação pessoal da redenção em Cristo é um processo espiritual que dura a vida toda.

Nesse processo do caminho espiritual, a eucaristia possui um lugar privilegiado e singular enquanto "sacramento dos sacramen-

---

[1] Título original: "Eucharistie glauben, lieben und feiern" (publicado originalmente no livro intitulado *Eucharistie: Verstehen — leben — feiern*, Ostfieldern, Matthias Grünewald Verlag, 2020, 17-53).

[2] Em relação à presente contribuição, Cf. AUGUSTIN, G., "Das Sakrament der Eucharistie als die Fülle des Heilsmysterium", in: PROBST, M.; AUGUSTIN, G. (ed.), *Wie wird man Christ?*, St. Ottilien, 2000, 325-350; ID., "Die Eucharistie mit geistlichen Gewinn feiern", in: ID. & KOCH, K. (ed.), *Liturgie als Mitte des christlichen Lebens*, Freiburg i. Br., 2012 (trad. esp.: "Celebrar la eucaristía con provecho espiritual", in: *La liturgia como centro de la vida Cristiana*, Santander, Sal Terrae, 2013, 79-112).

tos". "Todos os demais sacramentos se orientam a ela como a seu fim."[3] Deste sacramento recebemos a força e a graça para nossa vida cristã. A eucaristia é no fundo a quintessência e o compêndio de nossa fé. Ela "conclui a iniciação cristã. Os que foram elevados à dignidade do sacerdócio régio pelo batismo e configurados mais profundamente a Cristo pela confirmação, estes, por meio da eucaristia, participam com toda a comunidade do próprio sacrifício do Senhor" (*Catecismo da Igreja Católica* [CIC] 1322).

A eucaristia é a celebração de nossa redenção, nela se torna presente a plenitude da redenção. Quando celebramos com reverência o mistério de nossa fé, realiza-se em nós a obra da redenção. Por meio da participação crente e ativa na eucaristia, Deus nos capacita para tomar parte pessoalmente na salvação efetuada pelo Cristo.

Nós, a comunidade dos fiéis, celebramos cotidianamente este mistério de nossa fé seguindo o mandamento de Jesus: "Fazei isto em memória de mim" (Lc 22,19). Segundo cada situação vital e crente, celebramos e vivemos este sacramento com diferente intensidade e profundidade. Só podemos celebrar pessoalmente a eucaristia de um modo espiritualmente frutífero para nós, se mergulharmos cada vez mais em sua significação profunda e central para nossa salvação, se a acolhemos com fé e esperança e se a vivemos amorosamente. A reflexão crente sobre a eucaristia desde a plenitude da fé católica nos ajuda a participar ativamente nessa celebração. Corresponde aprender mais profundamente na fé a riqueza inerente à eucaristia e saber amar sua beleza.

A celebração eucarística é "fonte e cume de toda a vida cristã" (LG 11) e "fonte e cume de toda pregação evangélica" (PO 5). Somente dessa fonte pode brotar toda renovação do ser cristão e a tão desejada renovação da Igreja. Por isso é de máxima urgência fazer que essa fonte mane em abundância para nós, para nossa espiritualidade e para nossa vida e ação cristãs.

---

[3] Santo Tomás de Aquino, *Suma Teológica*, III, q. 65 a. 3, São Paulo, Loyola, [4]2021.

1
Eucaristia: o mistério da vida

Mysterium fidei, "Mistério da fé": com essa proclamação se convida os fiéis a aclamar na celebração eucarística, tanto na Igreja oriental como na Igreja ocidental latina. Os participantes respondem: "Anunciamos, Senhor, a vossa morte e proclamamos a vossa ressurreição. Vinde, Senhor Jesus!". O mistério da fé, presente na eucaristia e proclamado celebrativamente, se refere ao mistério da autorrevelação da vida intratrinitária de Deus. Na eucaristia está presente toda a obra salvífica de Jesus Cristo por nossa redenção, pois Cristo mesmo está presente nela. A eucaristia mostra como a paixão e a morte de Cristo ao entregar sua vida são transformadas em amor e vida e se tornam fonte de vida e de amor. Na eucaristia está dada, pois, a fonte da salvação e por isso é a fonte da qual flui para nós a graça e a qual tende como meta toda a ação da Igreja (cf. SC 10).

Enquanto testamento de Jesus Cristo, a eucaristia se encontra desde o princípio e ao longo de todos os séculos no centro da vida cristã, sendo ao mesmo tempo o ato supremo da existência crente e da práxis eclesial, que remete à instituição de Jesus na noite anterior à sua morte. Nessa vontade instituinte, a Igreja não vê apenas o ponto de partida histórico de um momento, mas também a permanente norma objetiva de sua celebração eucarística. Com a eucaristia se decide algo essencial para a fé cristã e para a Igreja em seu conjunto. A riqueza inesgotável do sacramento é expressa nos diversos nomes, que evocam os diferentes aspectos deste mistério: eucaristia, banquete e ceia do Senhor, fração do pão, memorial da paixão e ressurreição do Senhor, santo sacrifício, santa e divina liturgia, comunhão e santa missa[4].

A eucaristia é a razão de ser essencial e central da Igreja de Deus em Jesus Cristo, da comunhão eclesial e dos ministérios e serviços da Igreja. Daí a profundidade e o vigor espiritual da eucaristia, tal como foram expressos em sua plenitude católica pelos Padres da Igreja e pela tradição crente em sua totalidade, e

---

[4] CIC 1328-1332.

que temos de redescobrir novamente, revitalizar e proclamar celebrativamente com toda a reverência. Para os católicos, a referência pessoal à Igreja foi historicamente sempre dependente da — e sustentada por — celebração da eucaristia. Por isso se foi à Igreja principalmente para celebrar a eucaristia e receber o dom em que Jesus Cristo se dá a si próprio. "Quanto mais viva for a fé eucarística no povo de Deus, tanto mais profunda será a sua participação na vida eclesial por meio de uma adesão convicta à missão que Cristo confiou aos seus discípulos. Testemunha-o a própria história da Igreja: toda a grande reforma está, de algum modo, ligada à redescoberta da fé na presença eucarística do Senhor no meio do seu povo."[5] Aprofundar na fé eucarística é o imperativo do momento, em vista da realidade de que tantos cristãos batizados estão afastados da eucaristia e que, de fato, não conseguimos tornar acessível com maior clareza a muitos cristãos, inclusive praticantes, o significado desse sacramento para a vida cristã.

Na atual situação de fé da Igreja, somente a celebração viva da eucaristia pode proporcionar o alimento espiritual necessário para prosseguir cheios de esperança. Para isso, é condição fundamental que a partir das fontes da fé católica tomemos novamente em consideração os variados aspectos da eucaristia. É necessário descobrir novamente a dinâmica espiritual interna da celebração eucarística, que nos introduz cada vez mais no centro do mistério da fé, onde encontramos o Senhor ressuscitado. Passo a passo somos incorporados por ele ao mistério da Páscoa. Posto que na eucaristia se trata de todo o mistério da fé — e, além disso, tal como é assumido por pessoas concretas em cada lugar e momento —, é uma tarefa urgente abrir também tanto mais cuidadosamente aos homens contemporâneos o acesso pela fé a esse mistério (cf. SC 56).

A narração bíblica do encontro dos discípulos que iam a caminho de Emaús com o Senhor ressuscitado (Lc 24,13-35) serve como modelo prototípico do caminho espiritual dinâmico da celebração eucarística. O próprio Senhor revela o sentido de seu caminho vital e conduz gradualmente os resignados discípulos ao conhecimento pleno de sua pessoa na fração do pão. O encontro

---

5   PAPA BENTO XVI, *Exortação apostólica pós-sinodal "Sacramentum caritatis"*, 6.

com o Ressuscitado proporciona aos discípulos a energia para se colocar imediatamente em marcha com a finalidade de dar testemunho dele aos demais discípulos. A eucaristia contém em si um dinamismo missionário.

Com plena consciência de que se trata do mistério inapreensível do amor de Deus, vamos nos aproximar com fé, em oito passos, do significado profundo da eucaristia, vislumbrando a partir de diferentes perspectivas sua beleza e seu singular significado para a vida cristã. Descobrir novamente o mistério da eucaristia nos ajuda a superar uma visão puramente horizontal da vida cristã e a abrir caminho à transcendência para não cair, como o Papa Francisco expôs com insistência, na tentação de crer em um Deus sem Cristo e nos convertermos em uma Igreja sem Deus e sem Cristo, uma Igreja sem seu mistério, uma Igreja sem a práxis do amor e sem liturgia[6].

2
Eucaristia como lugar de salvação em plenitude

O fundamento do ser cristão é a mensagem do amor de Deus que se antecipa a todo nosso agir: Deus nos amou primeiro e esse amor de Deus apareceu entre nós e se tornou visível quando enviou seu Filho único ao mundo para que nós vivamos por ele (cf. Jo 4,9). Jesus Cristo é o Deus-conosco que se tornou visível e perceptível. A fé cristã está fundamentada na pessoa de Jesus Cristo e, desde a época neotestamentária até os dias de hoje, os cristãos são aqueles que creem que ele vive.

A eucaristia, por meio da pessoa de Jesus Cristo, alcança seu significado inconcebível. Sem sua vida e sua morte seria, por assim dizer, como uma moeda sem cobertura[7]. Jesus Cristo ressus-

---

[6] Papa Francisco, *Exortação apostólica "Gaudete et exsultate"*, 37ss.

[7] Cf. Ratzinger, J., *Eucharistie — Mitte der Kirche*, München, 1978, 10, 18 (trad. esp.: *La Eucaristía centro de la vida. Dios está cerca de nosotros*, Valencia, Edicep, 2003).

citado permanece presente em meio a nós. Muitas vezes se dirige a nós na eucaristia. Esse sacramento é o caminho pelo qual nos é comunicado o amor transbordante tornado visível na encarnação de Deus em Jesus Cristo. A celebração da eucaristia é o lugar em que participamos na obra salvífica de Cristo.

Na fé cristã, o que é decisivo não são algumas ideias boas para transformar o mundo, mas sim a figura do próprio Jesus Cristo. Para nós, Jesus Cristo é infinitamente mais que uma pessoa impressionante do passado. Mediante sua ação incessante em uma Igreja visível/invisível, ele é, superando todo limite dos anos e dos séculos, a vida sempre presente. Sua presença viva e permanente na eucaristia faz da própria eucaristia o que ela é. Sua ação em prol da salvação humana não consiste apenas em palavras, mas na automanifestação de sua pessoa, de seu ser e agir. Com sua morte na cruz ele se entrega a si mesmo da forma mais radical "de uma vez por todas" (Hb 10,10) para redimir e salvar os seres humanos. A esse ato de entrega amorosa, ele mesmo lhe outorgou vigência permanente mediante a instituição da eucaristia. No pão e no vinho ele se dá a si mesmo, seu corpo e seu sangue, isto é, sua vida pelos crentes. No mistério da eucaristia se manifesta sua essência mais profunda: "Ele é o ser de Deus e para Deus e, nele mesmo, ser para os homens. É *eucharistia* e *eulogia*, ação de graças e bênção, em pessoa. Neste sentido abrangente, a pessoa de Jesus é o centro de tudo; e a cristologia, o pano de fundo e a perspectiva interpretativa da eucaristia"[8]. A concepção da eucaristia adequada à fé católica depende fundamentalmente da confissão de Jesus Cristo como verdadeiro Deus e verdadeiro homem. O pressuposto de sua presença é sua divindade. Pois a eucaristia só pode ser entendida a partir de Jesus Cristo e a entrega de Deus à humanidade realizada nele.

A eucaristia, portanto, não é apenas uma celebração litúrgica entre outras, nem é apenas um dos sacramentos. Em vez disso, contém sumariamente o núcleo do mistério da salvação. Nela está dado o bem salvífico em toda sua plenitude e ela é expressão com-

---

8   KASPER, W., *Die Liturgie der Kirche* (WKGS 10), Freiburg i. Br. 2010, 271 (trad. esp.: *La liturgía de la Iglesia*, OCWK 10, Santander, Sal Terrae, 2015, 271).

pleta do amor infinito de Jesus Cristo por nós, seres humanos. Na eucaristia nos alegramos com o dom de sua presença entre nós, na qual tudo se baseia, da qual tudo se desenvolve e na qual tudo se realiza. Jesus Cristo, no qual e por meio do qual tudo "está consumado" (Jo 19,30), é a "plenitude" tanto da revelação como da salvação. De sua plenitude todos recebemos, e somos chamados a nos adentrar em sua plenitude como indivíduos e como Igreja.

Cristo, o Senhor, levou a cabo a obra da redenção e da perfeita glorificação de Deus principalmente por meio do mistério pascal. Mediante sua paixão, sua ressurreição e sua gloriosa ascensão nos redimiu e tornou possível que nós participássemos de sua vida divina. Nessa redenção objetiva destinada a todos os seres humanos, nós podemos participar subjetivamente tomando parte com fé na celebração da eucaristia.

Os vários aspectos desse mistério de salvação se encontram resumidos na Constituição sobre a liturgia do Concílio Vaticano II: "Na última ceia, na noite em que foi entregue, nosso Salvador instituiu o sacrifício eucarístico de seu corpo e sangue. Por ele, perpetua pelos séculos, até que volte, o sacrifício da cruz, confiando destarte à Igreja, sua dileta Esposa, o memorial de sua morte e ressurreição: sacramento de piedade, sinal de unidade, vínculo de caridade, banquete pascal, em que Cristo nos é comunicado em alimento, o espírito é repleto de graça e nos é dado o penhor da futura glória" (SC 47).

Na última ceia, ao se despedir de seus discípulos, o próprio Cristo assinalou antecipadamente sua morte na cruz quando partiu a si próprio no pão partido. Esse pão, em que Cristo se entrega nas mãos dos outros, é o pão vivo que concede a quem dele se nutre a vida eterna: "Eu sou o pão vivo que desce do céu. Quem comer deste pão viverá para a eternidade" (Jo 6,51). A eucaristia é o memorial que atualiza a paixão e autodoação de Jesus Cristo.

Na eucaristia se torna presente o único mistério pascal da paixão, ressurreição e ascensão de Jesus Cristo, que inclui já seu retorno à glória, e se leva a cabo sacramentalmente a obra salvífica de Jesus Cristo em nós. Na eucaristia se condensa de um modo sacramental a existência cristã. A eucaristia é o foco de onde convergem e de onde saem todas as linhas da vida cristã.

A nós nos concede a comunhão com Deus pelo fato de nos associar interiormente à entrega agradecida de Jesus Cristo. "A Eucaristia nos arrasta no ato oblativo de Jesus. Não é só de modo estático que recebemos o *Logos* encarnado, mas ficamos envolvidos na dinâmica da sua doação."[9] Cada celebração eucarística está sustentada pelo único sacrifício de Jesus Cristo na cruz, que se atualiza sacramentalmente no banquete sacrificial pela força do Espírito Santo. Ao nos associar pela fé à realização da entrega eterna do Filho, recebemos parte na comunhão de amor do Pai e do Filho no Espírito Santo. Recebemos toda a riqueza de Jesus Cristo, que nos foi comunicada por sua obra redentora. Em comunhão com Cristo podemos nos entregar a nós mesmos em amor e gratidão ao Pai, participando também da comunhão do Filho com o Pai. Ao entrar nessa comunhão pela eucaristia e tornar-se assim realidade em nós o fruto da entrega de Jesus, "renovamos o mistério da nossa redenção" (Tomás de Aquino)[10].

3
A presença real de Cristo na eucaristia

"Jesus Cristo está presente na Eucaristia de modo único e incomparável. Está presente, com efeito, de modo verdadeiro, real, substancial: com o seu corpo e o seu sangue, com a sua alma e a sua divindade. Nela está, portanto, presente de modo sacramental, ou seja, sob as espécies eucarísticas do pão e do vinho, Cristo todo inteiro: Deus e homem."[11]

Para levar em consideração, de acordo com a fé da Igreja católica, esse significado singular da eucaristia, é necessário retificar algumas mudanças de tônica na compreensão dela e assumir toda a realidade da *eucharistía*. A fé da Igreja confesso que na eucaristia está presente toda a obra salvífica de Jesus Cristo, que o Senhor

---

9   Papa Bento XVI, *Encíclica Deus caritas est*, 13.
10 Santo Tomás de Aquino, *Suma Teológica*, III, q. 83 a. 1 c., São Paulo, Loyola, [4]2021; cf. SC 2.
11 *Compêndio do Catecismo da Igreja Católica*, 282, São Paulo, Loyola, [4]2015.

ressuscitado se torna presente em sua totalidade humano-divina. Por isso não podemos reduzi-la a apenas uma refeição da comunidade reunida, uma comida de convivência social. A eucaristia é o que é porque o Senhor ressuscitado está presente com seu corpo transfigurado na figura do pão e do vinho e nos transforma em sua presença para a vida eterna, conduzindo-nos assim a uma vida em plenitude.

Na eucaristia não celebramos a memória de alguém ausente, mas o próprio Senhor, presente como sumo sacerdote, doando aos participantes sua presença sanadora e salvadora. A eucaristia é o milagre da presença de Jesus Cristo em meio a nós. É a celebração da presença pessoal de Jesus Cristo como o Ressuscitado[12]. Vista a partir de nós, a eucaristia é em seu conjunto uma oração humilde e, ao mesmo tempo, eficaz para a vinda do Espírito Santo. Da parte de Deus é a obra do Espírito Santo.

Nossos dons de pão e vinho, sinais de nossa vida e nossa entrega, são transformados no corpo e no sangue de Cristo para que, pela força do Espírito Santo, alcancemos comunhão de mesa com o Senhor ressuscitado. Na celebração eucarística se recebe e se louva a Cristo como acolhedor, como o autêntico anfitrião que convoca os seus para uma comunhão de mesa. Cristo é quem convida à refeição. A eucaristia é uma refeição que pertence ao Senhor e provém dele.

Como filhos de Deus podemos nos congregar alegres em torno de sua mesa: o ser humano e Deus se encontram mutuamente como na encarnação de Deus. A presença eucarística é a permanente presença salvadora e benéfica de Deus em meio a seu povo. A refeição eucarística é, de um modo específico e intenso, o lugar do ápice da nossa salvação. E isso é antes de tudo causa de nossa alegria.

A presença de Cristo é que faz da eucaristia o que de fato ela é. A condição para celebrar com fé sua presença autêntica é, de um lado, a confissão de que Deus está real e corporalmente presente em Jesus Cristo. Por outro lado, a presença de Jesus Cristo sob os

---

[12] Cf. KASPER, W., *Sakrament der Einheit. Eucharistie und Kirche*, Freiburg i. Br. 2004, 45-54 (trad. bras.: *O Sacramento da unidade. Eucaristia e Igreja*, São Paulo, Loyola, 2006).

sinais do pão e do vinho é uma presença escondida. Não somente permanece velada sua divindade, como sua humanidade também permanece aí escondida. O mistério de sua presença ultrapassa toda percepção sensorial. Para ter acesso a essa verdade escondida, se requer os olhos da fé. Somente com uma fé confiante podemos reconhecer nos sinais eucarísticos visíveis a presença invisível de Cristo: "Creio tudo o que disse o Filho de Deus: nada é mais certo que esta palavra de verdade" (Tomás de Aquino)[13].

Encontramo-nos diante de um processo cognoscitivo que necessita de, em certa medida, uma interpretação hermenêutica, mas ao mesmo tempo está disposto a se envolver em uma confissão de fé. Trata-se, por isso, de confessar, como fez o perplexo apóstolo Tomé: Vê Jesus Crucificado e ressuscitado e confessa a verdadeira fé. "Viu uma coisa e acreditou noutra. Ele viu um homem e pela fé confessou a Deus, quando disse: 'Meu Senhor e meu Deus'" (Tomás de Aquino)[14]. Na eucaristia vemos o pão partido e, crendo, confessamos a presença escondida de Cristo em meio a nós.

"Na Cruz estava oculta somente a vossa Divindade, mas aqui, oculta-se também a vossa Humanidade. Eu, contudo, crendo e professando ambas, peço aquilo que pediu o ladrão arrependido. Não vejo, como Tomé, as vossas chagas, entretanto vos confesso, meu Senhor e meu Deus; fazei-me crer sempre mais em vós, esperar em vós e amar-vos."[15]

Jesus Cristo é o amor transbordante de Deus que se tornou carne. O pão partido faz referência, enquanto sinal, ao corpo de Cristo entregue por nós na cruz. Jesus Cristo, autocomunicação de Deus, disse na última ceia: "Isto é meu corpo". A pretensão de verdade dessa autoexpressão de Jesus representa um desafio para a fé: "Não duvides que seja verdade, mas antes aceita as palavras do Salvador na fé: pois, sendo a verdade, não mente"[16].

---

[13] Cf. SANTO TOMÁS DE AQUINO, *Adoro te devote* (trad. alemã: "Gottheit tief verborgen", in: *Gotteslob* 497).

[14] SANTO TOMÁS DE AQUINO, *Suma Teológica*, II-II, q. 1 a. 4 ad 1., São Paulo, Loyola, ⁶2021.

[15] SANTO TOMÁS DE AQUINO, *Adoro te devote*. (N. do E.)

[16] SANTO TOMÁS DE AQUINO, *Suma Teológica*, III, q. 75 a., São Paulo, Loyola, ⁴2021. Aqui citando São Cirilo.

4
A entrega da vida de Jesus e sua atualização

A eucaristia não é mera comemoração de um fato salvífico que ficou no passado remoto. Por sua própria essência é idêntica ao sacrifício singular e irreiterável de Jesus na cruz, somente distinta dele porquanto é sua atualização sacramental no espaço e no tempo, para que os atuais fiéis possam participar dele.

Evidentemente, o mistério pascal é singular e irreiterável e não requer nenhum complemento. O sacrifício da cruz tem validade permanente perante Deus. A morte na cruz de Jesus ocorreu certamente durante um tempo da história e num lugar determinado; entretanto, a entrega de sua vida tem um vínculo imediato com cada pessoa, seja qual for o lugar e o tempo em que vive. Na eucaristia, como atualização sacramental no espaço e no tempo do sacrifício perpétuo, alcançamos essa singularidade e irreiterabilidade.

Essa dimensão do sacrifício de Cristo faz do alimento eucarístico o que é. Aquele que se entregou nos é dado novamente como alimento. O alimento eucarístico é o "banquete sacrificial" por excelência e por isso infinitamente "sagrado". Não devemos confundir esse "banquete sagrado" com as habituais mesas redondas sociais e nem mesmo com certa exaltação festiva da comunidade. Não é apenas uma convivência festiva; o que diferencia esse banquete e o torna sagrado é a presença de Deus. Ao celebrar a eucaristia anunciamos a morte e ressurreição do Senhor, o qual lhe proporciona certa seriedade e dramatismo. Com o anúncio da morte e ressurreição de Cristo se torna atual o acontecimento salvífico, e com a entrega permanente de Jesus ao Pai se verifica a perfeita glorificação de Deus. Pois na eucaristia exerce Cristo seu sumo sacerdócio eterno e seu eterno serviço de mediador: "Mas ele, já que permanece para a eternidade, possui um sacerdócio exclusivo. Eis por que tem condições de salvar definitivamente os que, por meio dele, se aproximam de Deus, pois está sempre vivo para interceder em favor deles" (Hb 7,24-25).

Seguindo o mandamento de Cristo ("Fazei isto em minha memória": Lc 22,19; 1Cor 11,24s) e a práxis da Igreja primitiva, estamos convencidos de que na eucaristia está realmente presente o sacrifício de Cristo na cruz: a entrega de si próprio, em que o amor do Pai ganha expressão. A entrega da vida de Jesus na cruz é a revelação da glória do Pai. Ao celebrar essa entrega, somos assumidos na unidade do Filho com o Pai no Espírito Santo e participamos de sua glória (cf. Jo 17,23).

No sacrifício de Cristo, o decisivo não é sua morte física, mas sim o cumprimento de sua missão na entrega ao Pai como sinal do amor radical de Deus aos seres humanos. Somente a autodoação de Jesus qualifica sua morte física como sinal visível do amor. A morte de Jesus efetua salvação porque cumpre e revela a vontade salvífica de Deus na história e é por isso a entrega do Filho por nós. Na eucaristia se atualiza essa entrega da vida de Jesus: "Isto é o meu corpo, em prol de vós, fazei isto em memória de mim [...]. Pois todas as vezes que comerdes deste pão e beberdes deste cálice, anunciais a morte do Senhor, até que ele venha" (1Cor 11,24-26). O anúncio da morte salvadora de Jesus Cristo faz da eucaristia um sacrifício visível no sinal sacramental de seu corpo e sangue, pois Cristo é o sacerdote oferente, a vítima sacrificada e o altar. Apenas se vemos a unidade interna entre o sacrifício da cruz de Cristo e o sacrifício do altar, só então será possível nos darmos conta do significado profundo da eucaristia. "O sacrifício de Cristo e o sacrifício da eucaristia são *um único sacrifício*" (CIC 1367). A eucaristia atualiza o sacrifício de Jesus Cristo na cruz para nossa salvação. Ela "torna presente o sacrifício da cruz; não é mais um, nem o multiplica. O que se repete é a celebração *memorial*, a 'exposição memorial' (*memorialis demonstratio*), de modo que o único e definitivo sacrifício redentor de Cristo se atualiza incessantemente no tempo"[17].

Na eucaristia se atualiza a entrega vital do Filho ao Pai por nós, revelada no sinal da morte na cruz. "Ao entregar à Igreja o seu sacrifício, Cristo quis também assumir o sacrifício espiritual da Igreja, chamada por sua vez a oferecer-se a si própria juntamente com o sacrifício de Cristo."[18] Ao compartilhar esta ação de fé nos torna-

---

[17] Papa João Paulo II, *Encíclica Ecclesia de eucaristia*, 12.
[18] Ibid., 13.

mos partícipes da entrega eterna do Filho ao Pai. E essa participação no sacrifício de Cristo nos preenche de vida divina, que é a salvação para nós. Nosso "sacrifício", em agradecido louvor a Deus, consiste em, de nossa parte, encomendar a vida ao Pai em Cristo. Assim o nosso compartilhar a celebração se converte em participação vital na entrega pelo mesmo Cristo de sua própria vida. Essa é nossa ação de graças ao Pai, unidos a Cristo e por meio dele, por tudo o que dele recebemos, principalmente pelo dom que Deus nos fez de si mesmo em seu Filho.

5
A participação ativa na celebração eucarística como nossa entrega a Deus

A disposição interna com que celebramos a eucaristia é decisiva para nossa participação ativa: se celebramos com amor ao Senhor, ou se celebramos com reverência ao Senhor, ou se celebramos a eucaristia como sacrifício de Cristo, se a celebramos como nossa entrega ao Senhor, se nossa celebração manifesta a beleza e riqueza desse sacramento, ou se a celebração eucarística se converte na oração mais importante de nossa vida. Celebramos a eucaristia com proveito espiritual se associamos conscientemente a entrega de nossa vida à entrega da vida de Jesus, para que nossa própria vida se torne um sacrifício perante Deus. Na eucaristia tomamos parte, pela mediação da humanidade de Jesus Cristo, no sacrifício permanente de gratidão e amor do Filho eterno ao Pai. Ao se atualizar no espaço e no tempo a permanente autodoação de Cristo nos é comunicada imediata e contemporaneamente por meio desse singular acontecimento salvífico. A celebração da eucaristia abrange o passado e o futuro, pois todas as vezes que celebramos esse sacrifício, anunciamos a morte do Senhor até que venha (1Cor 11,26). Em cada eucaristia, Jesus concede a cada fiel, de maneira imediata, sua proximidade e amizade pessoal, o mesmo que fez no cenáculo, Jesus nos torna participantes de sua ação de graças como Filho. "E em todas as oferendas louvamos ao Criador de todas as coisas por meio de seu Filho Jesus Cristo e pelo Espírito Santo" (São Justino, mártir)[19].

O sentido de nosso sacrifício consiste em fazer retornar para Deus em atitude agradecida tudo o que dele recebemos. Perante Deus nos tornamos conscientes de que, quem não dá tudo a Deus, dá demasiadamente pouco. Contudo, um sacrifício assim, de entrega a Deus, não é possível a nós, seres humanos, por virtude própria; por isso nos unimos ao único sumo sacerdote, Jesus Cristo. Posto que Cristo nos capacita para ele com sua graça, podemos nos entregar nós mesmos a Deus inteiramente, em doação de gratuidade e de amor. Com isso temos parte na comunhão íntima de amor do Pai e do Filho no Espírito Santo.

Ao aceitar ativamente o oferecimento de comunhão interna compartilhando o ato de fé da autodoação de Jesus ao Pai, chegamos a ser receptores da salvação e dos frutos da redenção[20].

Nossa entrega a Deus é aceita por ele e nós somos confirmados e fortalecidos pela entrega de Cristo. É uma entrega global e totalizante da vida ao Criador, fundamento originário de todo ser e de todo dom. Entrega da vida significa oferecer a Deus tudo: pensamentos, imagens de Deus, concepções, a própria vontade.

A atitude fundamental de nossa entrega a Deus é a de quem recebe e se abandona confiante a Deus. É abandonar-se a Jesus Cristo. Dessa entrega extraímos energia nova, valor e também alegria interior para levar a cabo nossa missão na vida por ele, com ele e nele, tornando nossas as suas palavras: "Pai, em tuas mãos entrego o meu espírito" (Lc 23,46). A oração do Bem-aventurado Charles de Foucauld (1858-1916), nascida totalmente de uma marcada espiritualidade eucarística, torna patente como podemos unir nosso sacrifício ao sacrifício de Cristo:

> Pai, coloco-me em vossas mãos,
> fazei de mim o que quiserdes.

---

[19] São Justino, *Apologia I*, 67.
[20] Congregação para o Culto Divino e a Disciplina dos Sacramentos, *Instrução Redemptionis Sacramentum*, 25 de março de 2004, 36-47.

seja o que for,
vos dou graças.
Estou disposto a tudo,
aceito tudo,
contanto que vossa vontade se cumpra em mim,
e em todas as vossas criaturas.
Nada mais desejo, ó Pai.
A vós confio minh'alma, a vós a dou
com todo o amor de que sou capaz,
pois vos amo.
E necessito doar-me,
colocar-me em vossas mãos sem medida,
com uma infinita confiança,
pois vós sois meu Pai.

Para que alguém se entregue a si próprio, é necessário o amor. Na entrega de sua vida na cruz, Jesus realizou de modo insuperável o amor a Deus e ao próximo, levando a cabo a redenção dos homens com a glorificação do Pai.

A eucaristia é o mistério de sair dos próprios limites em direção a Deus. Estar em sintonia com a entrega de Cristo libera os crentes para o encontro amoroso com Deus e sua infinita misericórdia. Na entrega completa ficam liberados interiormente. O ser humano experimenta nessa libertação não apenas a Deus e sua presença, mas também, na presença de Deus, a comunhão íntima com todos os santos, todos os fiéis, todos os seres humanos, a unidade com toda a criação. Por essa razão podemos dizer com João Paulo II: a Igreja nasce da eucaristia (*Ecclesia de eucharistia*).

Ao celebrar a eucaristia, a Igreja chega a ser o que é. Por isso é importante compreender a eucaristia como celebração de toda a Igreja, em união com todos os fiéis, independentemente do lugar onde vivam e o tempo que tenham vivido. Não devemos assistir à eucaristia, o mistério de nossa fé, como estranhos e mudos expectadores, mas sim participar ativamente[21]. Essa participação ativa

---

[21] Cf. SC 48.

devemos entendê-la em um sentido fundamental. Não se trata de um ativismo exterior na celebração eucarística, mas sim de um introduzir-se conscientemente no mistério que se celebra e em sua relação interna com a vida diária. Devemos celebrar também nós, piedosa e ativamente, a ação sagrada da liturgia eucarística. Como nos convidou o Concílio Vaticano II, temos de nos deixar instruir com a palavra de Deus e nos fortalecer com a mesa do corpo do Senhor "ao oferecer a hóstia imaculada não só pelas mãos do sacerdote, mas também juntamente com ele"[22]. O que é decisivo nesse contexto é a *nossa* entrega pessoal a Deus. Um coração receptivo e reconciliado com Deus nos capacita para uma participação ativa no acontecimento salvífico.

Ao nos entregarmos assim, nós mesmos na eucaristia, participando do corpo de Cristo e incorporando-nos a ele cada vez mais profundamente, nos é entregue a comunhão do Filho com o Pai e somos assimilados ao espírito de Jesus, cada vez mais configurados a ele. Esse conteúdo central da fé é especialmente evidente na oração eucarística da liturgia católica, que reflete o diálogo trinitário entre o Pai e o Filho no Espírito Santo, um diálogo em que também a nós é concedido intervir pela fé. A participação ativa na eucaristia não é outra coisa senão o deixar-nos introduzir, a nós mesmos, nesse diálogo trinitário. A expressão de nossa entrega é o pedido ao Senhor de fé, esperança e amor. Pois somente Cristo pode nos conceder essa graça. É o pedido do dom de viver sempre da força da presença de Cristo: "Concedei a minh'alma viver de ti" (Tomás de Aquino)[23].

Se nossa fé na realidade do mistério da eucaristia vai se enfraquecendo, paralelamente se reforça a tentação latente de celebrarmos cada vez mais a nós mesmos, no lugar de Deus e de seu dom salvífico. Em contrapartida, quanto mais afundemos em nossa fé no dom inconcebível da eucaristia, mais podemos participar ativamente nela, nos beneficiando espiritualmente. A condição para

---

[22] Ibid.
[23] SANTO TOMÁS DE AQUINO, *Adoro te devote* (trad. alemã: "Gottheit tief verborgen", in: *Gotteslob* 497).

uma participação ativa na celebração eucarística é o aprofundamento e a revitalização de nossa fé no mistério da presença escondida de Deus. A percepção consciente e de fé de sua presença nos sinais do pão e do vinho nos leva a entrar em uma atitude interna, que é realmente a mais adequada diante deste mistério: entrega e doação de toda a vida, reverência e adoração.

A presença sacramental de Cristo na eucaristia não depende da atividade frenética da comunidade de mesa congregada, nem da implantação de um desenho, o mais "criativo" possível, da celebração. É apenas a presença escondida do Senhor que torna possível a comunhão de mesa e diferencia o desenho da celebração de qualquer outra celebração profana, tornando-a peculiar e única. A eucaristia é uma realidade divina, mesmo quando frequentemente se configura de forma excessivamente humana.

Naturalmente é necessário configurar a liturgia de modo correto e atraente. Contudo, temos que celebrar a eucaristia com a consciência de que definitivamente ela não é dependente do como a configuramos e de nossas palavras, mas da presença gratuita do Senhor e de suas palavras salvadoras. O assunto e conteúdo de toda celebração eucarística são sempre Deus, sua relação conosco e nossa relação com ele. Em cada celebração, ele se dá a nós incondicionalmente e nos concede, em sua presença, aprofundarmos cada vez mais a relação íntima com ele.

É muito humano que na eucaristia nem sempre sintamos da mesma maneira a presença de Deus. Uma celebração, considerada a partir do ponto de vista meramente humano, pode parecer muito "árida e chata". Podemos estar distraídos, ter dúvidas e, entretanto, ao celebrar a eucaristia é importante realizar um ato de fé. O decisivo é a participação espiritual no mistério da eucaristia pela fé e pelo amor.

A eucaristia é, portanto, um acontecimento espiritual. Não se trata meramente de uma forma externa de participação ativa, mas, principalmente, de uma participação interna e consciente. O essencial em toda atividade espiritual não é a ação, mas sim a própria entrega. Na eucaristia, o céu toca a terra e nós celebramos cheios de assombro nossa salvação e redenção. Nossa ação litúrgica está unida à liturgia invisível do céu. Corresponde captar a potência espiritual, a beleza, a santidade e o amor divinos que se revelam na eucaristia. A celebração da eucaristia nos faz pressentir já a beleza do céu. Tomar parte ativamente na eucaristia é participar na perfeita beleza futura, que nos está prometida e desde agora é perceptível por meio da participação.

A recepção dos dons salvíficos não é "passiva", mas nos envolve ativamente no seguimento de Jesus Cristo. Aos nos tornarmos, nós os receptores, parte do corpo de Cristo e oferecer nosso sacrifício de fé e de entrega vital, nos introduzimos na relação filial de Jesus com o Pai. Jesus nos torna "partícipes de seu múnus sacerdotal com o fim de exercer o culto espiritual para a glória de Deus e a salvação dos homens" (LG 34). Damos graças "a Deus pelo seu dom inefável" (2Cor 9,15). Agradecemos em Cristo Jesus "para louvor da sua glória" (Ef 1,12) pela força do Espírito Santo.

A participação ativa na liturgia não significa, pois, que cada um que dela participe tenha que se encarregar necessariamente de uma tarefa litúrgica. O essencial é que, em vez disso, como participantes na eucaristia, desenvolvamos uma autêntica admiração perante o grande mistério da fé e nos unamos existencialmente com reverência à autodoação de Jesus Cristo. Pois a celebração sacramental da eucaristia é primaria e principalmente a obra salvífica de Deus em favor dos seres humanos. No centro da celebração eucarística não estão nem o sacerdote celebrante nem os fiéis congregados, mas sim o próprio Jesus Cristo. Como sumo sacerdote único, nos reúne em torno de sua mesa (cf. 1Cor 10,21). Anuncia-nos sua mensagem de amor e fortalece nossa fé, preparando-nos assim para o encontro íntimo com ele. Toma em suas mãos nossos dons do pão e do vinho como sinais de nossa vida. Ele próprio pronuncia o grande louvor, a oração eucarística de agradecimento sobre as oferendas. O sacerdote recita as palavras da instituição em primeira pessoa, para tornar patente que quem atua não é o sacerdote, mas sim o Senhor que está presente. Pela força do Espírito, o pão e o vinho se transformam em seu corpo e sangue. Ele se dá a si próprio como alimento espiritual para nossa peregrinação terrena. Na grande oração de agradecimento sabemos que somos um com o Senhor presente em nossa comunidade itinerante rumo ao Pai celestial. A eucaristia é ação de graças e louvor com Cristo.

6
A celebração da eucaristia como adoração de Deus

Como povo de Deus somos chamados a louvar e adorar a Deus. A adoração é a resposta humana ao amor de Deus que vem ao nosso encontro em sua forma mais elevada. No prefácio rezamos assim: "Ainda que nossos louvores não vos sejam necessários, vós nos concedeis o dom de vos louvar, pois, se nada acrescentam à vossa riqueza, contribuem para a nossa salvação por Cristo"[24]. A adoração a Deus não é primariamente obra nossa, mas sim um dom de Deus. Na adoração podemos alcançar a paz interior e na presença da proximidade salvadora e benéfica de Deus, deixando-nos tocar por seu amor, que tudo transforma, abrindo amorosamente nossos corações a seu amor.

A eucaristia, presença do amor de Deus, é o lugar mais adequado para a adoração. Por isso é necessário compreender a própria celebração da eucaristia como adoração. Jesus Cristo, verdadeiro Deus e verdadeiro homem, vinculou na última ceia sua presença permanente aos sinais do pão e do vinho. A resposta de fé a essa presença escondida de Jesus Cristo na eucaristia é a adoração.

Santo Agostinho já expôs a adequação e necessidade da adoração eucarística. O pão eucarístico não é dado não apenas para que consumamos o sinal, mas para que contemplemos e adoremos ao Senhor presente no sinal: "Ninguém come esta carne sem antes adorá-la, [...] pecaremos se não o adoramos" (Santo Agostinho)[25]. Esta afirmação confessional de Santo Agostinho nos leva a fundo no mistério eucarístico. Fazer uma pausa e demorar-se perante o "milagre de todos os milagres" mantém viva a consciência que crê na grandeza e na incompreensibilidade do mistério da eucaristia. "Ele foi transfigurado diante deles: seu rosto resplandeceu como o sol, suas vestes tornaram-se brancas como a luz" (Mt 17,2). E isso equivale para nós a um convite para descobrir na celebração

---

24 MISSAL ROMANO, Prefácio comum IV.
25 SANTO AGOSTINHO, *En. in Ps. 98,9*.

da eucaristia o rosto transfigurado daquele em quem se reflete o mistério de Deus e a quem prestamos homenagem.

Não apenas a adoração fora da liturgia, também toda a própria celebração litúrgica da eucaristia deveria ser entendida como fervorosa adoração e glorificação de Deus. Por isso a linguagem adequada da eucaristia é doxológica: exaltar, louvar, dar graças, pedir. A eucaristia é a celebração com gratidão e louvor da presença da morte e ressurreição de Jesus Cristo. Posto que Cristo devolveu ao Pai tudo, a eucaristia é o perfeito sacrifício de louvor da criação. Adorar a Cristo no sacramento da eucaristia significa reconhecer a verdade mesma escondida sob o sinal do pão e do vinho. Adorar não é senão reconhecer que somos criaturas perante nosso Criador e que tudo dele recebemos.

A humanidade pretendeu sempre encontrar o modo correto de venerar a Deus. A adoração é a atitude adequada da criatura perante o Criador. As diferentes religiões buscaram um caminho apropriado para se regozijar com o Criador e se comprazer na realidade e na origem de toda a vida. A revelação cristã possui a convicção de que, nela, o próprio Deus indicou o caminho para conduzir os seres humanos ao único modo adequado de venerá-lo. Este é o sentido da eucaristia: em seu núcleo, não é algo feito pelo ser humano, mas aquilo ao que aspira todo desejo humano: não apenas busca, mas principalmente encontro e exultação. Na medida em que compreendemos este significado central da eucaristia, nos enchemos de gratidão por esse dom da salvação. A verdadeira adoração de Deus é uma entrega sem limites do próprio eu a Deus; e nessa entrega própria nos reconquistamos novamente a nós mesmos na presença de Cristo, que tudo transforma.

Na adoração eucarística não trazemos Cristo até a nossa presença, em vez disso somos nós que somos acolhidos em sua presença. E isto só pode acontecer se nos abrimos e nos deixamos acolher na presença transformadora do Senhor. Se deixarmos inserir conscientemente nossa vida em sua presença e tudo o que nos move interiormente, aprenderemos a ver nossa vida a partir de sua perspectiva. O Senhor presente na eucaristia nos convida a ficar. A presença de Cristo muda e transforma nossa vida e nossa história vital. Na adoração dirigimos nossos olhares e nossos corações ao Senhor presente em meio a nós. Por um momento esquecemos nossas preocupações. Levamos diante de sua presença a humanidade inteira e o mundo, para fazer com que sejam transformados e renovados.

O ato de adorar o Senhor nos proporciona o contrapeso necessário para o nosso cotidiano e, ao mesmo tempo, um fundamento para nossa vida. Toda pessoa tem a tendência de ficar ancorada no aspecto terreno. A eucaristia nos liberta dessa fixação. Em nossas tarefas diárias há muitas coisas que têm a pretensão de ocupar nosso foco; frequentemente, nós mesmos nos colocamos no centro. A adoração a Deus nos leva a uma ponderação correta em nossas vidas. Na adoração, Deus ocupa o centro e somos levados por ela ao que é autêntico e que configura o nosso cotidiano. Por isso a adoração não é somente um contrapeso, mas também um fundamento para nossa vida

Aquele que tem seu coração apegado às coisas terrenas, aquele que busca somente prestígio e honra, escraviza a si próprio. Na eucaristia, o ser humano fica livre de sua própria adoração e é levado a adorar a Deus. Antes de toda ação e de toda mudança autêntica para o bem está a adoração a Deus, o Criador. Só ela nos torna realmente livres, só ela pode nos dar critérios verdadeiros de ação. É justamente perante a tentação, presente em todo tempo, de tomarmos somente a nós mesmos como critério, que é importante pôr em relevo a dimensão da adoração a Deus.

Cada celebração eucarística é um ato de adoração. A adoração eucarística é, portanto, uma consequência orgânica do próprio mistério eucarístico e possui um vínculo interno essencial com o ponto culminante da celebração eucarística. Se o pão eucarístico não fosse digno de adoração, comer esse pão perderia todo valor. O gesto do banquete eucarístico não é mero comer, não é mera ingestão e assimilação, mas sim a doação ao Senhor presente no pão partido, para superar nossos apegos, para nos voltarmos a ele e nos deixarmos incorporar em seu corpo.

Assim se delineia aqui uma mudança de perspectiva fundamental que a eucaristia nos concede. A adoração eucarística é um elevar os olhos para Cristo, para receber dele uma orientação nova para nossa fé e nossa vida. Na adoração dirigimos o olhar para

A eucaristia, sacramento de nossa fé

Cristo — afastado de nós, de nossas dificuldades e problemas — para aprender a olhá-los e reorganizá-los de modo novo a partir da perspectiva do Senhor. A adoração nos convida a nos inserirmos nele, a confiar nele. Ele pode preencher plenamente as expectativas de nosso coração.

Na eucaristia ouvimos a palavra da Sagrada Escritura: "De olhos fitos naquele que é o iniciador da fé e a conduz à realização, Jesus" (Hb 12,2). Eu olho para o Senhor e o Senhor olha para mim. Onde há lugar melhor para reconhecer o Cristo? Com a certeza de sua presença e de sua amizade, sentimos uma alegria profunda e um entusiasmo interior pela vida. A alegria de dar testemunho a todos os seres humanos de sua presença delicada e vigorosa é nossa obrigação eucarística em favor do mundo de hoje. O encontro adorador com o Senhor é a fonte de nossa verdadeira alegria. Nós confessamos: "Estás em nós". E ele, "Deus-conosco", nos assegura que está sempre entre os seus: "Eis que eu estou convosco todos os dias, até a consumação dos tempos" (Mt 28,20).

Comunhão e contemplação estão intimamente vinculadas. Sem adoração não pode existir uma autêntica comunhão com o Senhor. Da comunhão forma parte a ação de graças reverente, pois Jesus deu cumprimento à mais profunda expectativa humana de um autêntico futuro e de um renascer autêntico, colocando os fundamentos de nossa fé e de nossa esperança. Adorar não é um dever que se nos foi imposto, mas sim uma eleição que nos foi concedida.

A eucaristia é glorificação do Senhor no sentido do primeiro mandamento: reverenciar a Deus e glorificá-lo, sem outra finalidade, simplesmente porque Deus é Deus. Na meta de glorificar a Deus se torna manifesto o vínculo interno entre o sacerdócio ministerial e o sacerdócio espiritual de todos os fiéis. O ministério sacerdotal deve ter seu centro no dar glória a Deus.

"Vós, porém, sois a raça eleita, a comunidade sacerdotal do rei, a nação santa, o povo que Deus conquistou para si, para que proclameis os altos feitos daquele que das trevas vos chamou para sua maravilhosa luz" (1Pd 2,9). A designação dos fiéis como uma comunidade sacerdotal não faz referência a formas organizativas ou distribuição de serviços intraeclesiais, mas sim a dar testemunho das proezas salvíficas de Deus e a oferecer a nossa vida como "sacrifício vivo, santo e agradável a Deus: este será o vosso culto espiritual" (Rm 12,1). Jesus Cristo concedeu a todos os fiéis a dignidade do sacerdócio régio perante Deus, seu Pai, dando-lhes desse modo poder para uma autêntica glorificação do Pai, que une a oferenda de sua vida à oferenda de Cristo. Desse modo se realiza também a comunhão dos fiéis entre si, pois a comunidade unida no Espírito Santo, que honra a Deus em adoração e o glorifica em Jesus Cristo, é a Igreja. A celebração eucarística inteira está edificada sobre este ato de entrega glorificando a Deus: "Por Cristo, com Cristo, em Cristo, a vós, ó Pai todo-poderoso, toda honra e toda a glória, agora e para sempre na unidade do Espírito Santo". Nossa participação na eucaristia será "ativa" e "comprometida", se deixamos que o Espírito de Deus clame em nós: "Abbá, Pai" (Rm 8,15) e unimos e ligamos a oferta de nossa vida à oferta de Cristo, para a glória de Deus Pai[26].

7
A comunhão como encontro com Cristo

"Senhor, eu não sou digno de que entreis em minha morada, mas dizei uma palavra e serei salvo."[27] É a oração dos assistentes antes de participar da sagrada comunhão. Na comunhão recebemos Cristo sob a figura do pão. Na realidade, é Cristo quem *nos* recebe na comunhão, pois ele vem a nós. Não só acolhemos em nós a Cristo na comunhão, como ele nos aceita inteiramente. Em sua presença me é permitido ser como sou. Sua presença transforma a vida: recebo uma consideração nova. Experimento a benevolência e a graça de Deus. Em sua presença posso descobrir minha verdadeira estatura humana. Ser recebido por Cristo é a graça das graças.

---

[26] Cf. PAPA BENTO XVI, *Exortação apostólica pós-sinodal Sacramentum caritatis*, 66ss; AUGUSTIN, G., "Verherrlichung Gottes in de Liturgie", in: AUGUSTIN, G.; SCHULZE, M. (ed.), *Glauben feiern. Liturgie im Leben der Christen*, Freiburg i. Br., 2018, 47-68.

[27] MISSAL ROMANO, *Ordinário da Missa com o povo*, cf. Mt 8,8; Lc 7,7.

A eucaristia, sacramento de nossa fé

Na comunhão se realiza a união com Cristo. Quem acolhe o manjar eucarístico, é capaz de saboreá-lo e de unir-se a ele[28]. Na comunhão, Cristo nos faz participar de sua vida divina, pois no sacramento está presente o Senhor ressuscitado, que nos convida a nos aproximarmos dele de todo o coração. Ele está mais próximo de nós que nós mesmos.

Na comunhão alcança cumprimento a aspiração humana primordial de encontrar Deus e se unir a ele, pois nela se produz um intercâmbio vital interno entre o ser humano e Deus. Trata-se antes de tudo, da comunhão espiritual, a vinculação interior com Cristo e o desejo de uma relação vital com ele. A comunhão espiritual é o pressuposto da comunhão física na qual recebemos o corpo e o sangue de Cristo. A prática da comunhão espiritual mantém desperta a fome da eucaristia. No momento da comunhão, Cristo, que com sua vida, morte e ressurreição, deu tudo por nós, se presenteia a nós novamente em forma sacramental. Mediante o corpo e o sangue de Cristo recebemos uma comunhão com Deus renovada e aprofundada no amor. O corpo de Cristo, que recebemos, é o alimento espiritual, o fármaco da imortalidade, com que se leva a cabo a união mística com Cristo. A eucaristia se torna assim nosso alimento espiritual durante o peregrinar de nossa vida. Os Padres da Igreja expõem com uma linguagem de imagens admiráveis o que ocorre na comunhão: interpretam a alimentação eucarística como um processo de amamentação, em que Cristo é nossa mãe, que alimenta seus filhos com seu peito, e a eucaristia é o leite materno de Deus. Jesus se nos dá como alimento de vida eterna: como fármaco e manjar de imortalidade[29].

A finalidade da celebração eucarística é a transformação das pessoas que nela participam[30]. Essa transformação de quem recebe a eucaristia foi descrita em uma visão que Santo Agostinho teve, ainda antes de sua conversão. Nela, uma voz lhe disse: "Sou

---

28 SANTO TOMÁS DE AQUINO, *Adoro te devote* (trad. alemã: "Gottheit tief verborgen", in: *Gotteslob* 497).

29 Cf. KOCH, K., *Eucharistie, Herz des christlichen Glaubens*, Freiburg i. Br., 2005, 7.

30 Ibid., 60ss.

um manjar dos fortes: cresce, e me comerás. E tu não me transformarás em ti como fazes com o alimento de tua carne, mas tu te transformarás em mim"[31].

Quem come o pão, assimila o alimento em sua própria vida orgânica; contudo, ao recebermos a eucaristia, nós mesmos somos assimilados no organismo místico do corpo de Cristo. Este torna manifesta a diferença fundamental entre o alimento cotidiano e o alimento eucarístico. Ao passo que na refeição habitual o "ativo" é o ser humano, que toma os alimentos e os metaboliza em seu corpo, tornando-os parte de seu próprio organismo, no alimento eucarístico é Cristo quem atua, assumindo-nos em seu corpo e tornando-nos um com ele e entre nós, de modo que nossa vida possa ser modelada a partir da eucaristia e toda a vida se torne eucaristia, ação de graças ao Pai.

O fruto da comunhão com o Senhor estabelece a *communio* dos cristãos entre si e capacita para uma comunicação espiritual dos cristãos. A *communio* nos torna capazes de amar, pois a comunhão eucarística é experiência de fé sobre a proximidade e o amor de Deus. A comunhão é união com Cristo e, mediante ela, participação na vida do Deus trino. Posto que nessa *communio* com Deus estamos todos vinculados, produz-se uma profunda vinculação mútua, um parentesco espiritual entre os comungantes, muito mais profundo e íntimo que qualquer outro vínculo de sangue. Essa *communio* com Deus e entre nós é a verdadeira essência da Igreja. Se juntos celebramos e recebemos essa *communio* na eucaristia, cobrará vitalidade e incremento a *communio* eclesial. A comunhão eucarística é assim o lugar de crescimento da Igreja.

8
A antecipação da consumação celestial

A vida cristã acontece na tensão entre o "já" e o "ainda não". Experimentamos já agora a salvação em Jesus Cristo, mas sua ple-

---

[31] SANTO AGOSTINHO, *Confissões*, Livro VII, cap. 10.

nitude ainda não é perceptível. A plenitude da salvação é a vida eterna junto a Deus. A existência cristã está orientada à esperança escatológica. Seu fundamento é a vontade salvífica de Deus; a perspectiva de sua esperança, a ressurreição e a parusia de Cristo; sua força determinante, o Espírito Santo; seu objetivo presente, a participação dos crentes no novo ser em Cristo; e seu ponto final, a transformação em uma existência pneumática junto a Deus. Pois "a participação plena na divindade, [...] é a verdadeira bem-aventurança do homem e o fim da vida humana"[32].

A eucaristia é o lugar em que se manifesta plenamente o "já" e o "ainda não". Ela revela e nutre a perspectiva escatológica da fé cristã. Nela se expressa a aspiração humana pela visão imediata de Deus face a face, que significa a plenitude da salvação, a vida eterna. O Senhor vindouro está já presente na eucaristia salvando. Ao Senhor já presente o proclamamos em cada celebração eucarística como o vindouro: "Anunciamos, Senhor, a vossa morte e proclamamos a vossa ressurreição. Vinde, Senhor Jesus!". Além disso, em cada missa rezamos, após a oração do Pai-nosso: "Livrai-nos de todos os males, ó Pai, [...] enquanto, vivendo a esperança, aguardamos a vinda do Cristo Salvador".

Essa perspectiva escatológica distingue a cada eucaristia: "A eucaristia é tensão para a meta, antegozo da alegria plena prometida por Cristo (cf. Jo 15,11); de certa forma, é antecipação do Paraíso, 'penhor da futura glória'. A eucaristia é celebrada na ardente expectativa de Alguém, ou seja, 'enquanto esperamos a vinda gloriosa de Jesus Cristo nosso Salvador'. Quem se alimenta de Cristo na eucaristia não precisa esperar o além para receber a vida eterna: *já a possui na terra*, como primícias da plenitude futura, que envolverá o homem na sua totalidade. De fato, na eucaristia recebemos a garantia também da ressurreição do corpo no fim do mundo: 'Quem come a minha carne e bebe o meu sangue tem a vida eterna e eu o ressuscitarei no último dia' (Jo 6,54). Esta garantia da ressurreição futura deriva do fato de a carne do Filho do Homem, dada em alimento, ser o seu corpo no estado glorioso

---

[32] Santo Tomás de Aquino, *Suma Teológica*, III, q. 1 a. 2 c., São Paulo, Loyola, [4]2021.

de ressuscitado. Pela eucaristia, assimila-se, por assim dizer, o 'segredo' da ressurreição. Por isso, Santo Inácio de Antioquia justamente definia o Pão eucarístico como 'fármaco de imortalidade, antídoto para não morrer'"[33].

A eucaristia, em sua perspectiva escatológica, é preguestar o banquete de bodas definitivo do céu, mas é também "viático do peregrino", refrigério em nosso caminho para a plenitude celestial rumo à visão definitiva de Deus. O corpo de Cristo, ainda velado aqui e agora sob o sinal do pão, será visível algum dia sem véus (cf. 1Cor 13,12). Arraigados na fé, desejando com toda a alma o encontro face a face: essa é a condição necessária para uma celebração da eucaristia espiritualmente frutífera. Por isso rezamos: "Dai-nos, Senhor Jesus, possuir o gozo eterno da vossa divindade, que já começamos a saborear na terra, pela comunhão do vosso corpo e do vosso sangue"[34].

Na eucaristia, chega a seu cumprimento a ânsia humana de encontrar Deus. Nela encontramos o Cristo vivo. Nesse encontro experimentamos a bondade e a misericórdia de Deus, que nos concede cura e salvação como "médico de corpo e alma"[35]. Quando todas as nossas atividades cristãs estiverem sustentadas por uma espiritualidade eucarística vivida, então todas elas poderão levar a um encontro pessoal e místico com Cristo, tal como experimentaram os apóstolos, antes e depois da ressurreição, e os primeiros cristãos. A espiritualidade eucarística é a força motriz da nova evangelização, pois a Igreja recobra vitalidade e incremento ali onde as pessoas encontram Deus nela, particularmente na celebração da eucaristia.

Voltar a levar em consideração a eucaristia em sua perspectiva escatológica significa também revitalizar a esperança cristã. Em um tempo em que a fixação no aspecto terreno adquire uma supremacia e parece se perder a esperança em um mundo futuro, a men-

---

[33] PAPA JOÃO PAULO II, *Encíclica Ecclesia de eucaristia*, 18.

[34] MISSAL ROMANO, *Oração depois da comunhão*, Solenidade do Santíssimo Sacramento do Corpo e do Sangue de Cristo.

[35] INÁCIO DE ANTIOQUIA, *Ad. Eph.*, 7,2.

sagem cristã da vida eterna proporciona uma nova força motriz. O horizonte se alarga e torna-se possível olhar a vida a partir da perspectiva correta e plantar a semente das promessas divinas, assim como fortalecer os fiéis em seu peregrinar com a força de Deus.

Se celebramos e vivemos a eucaristia com esta perspectiva esperançosa, podemos configurar também a vida cotidiana com a força da esperança cristã. Pois "sem ela [a esperança] seríamos homens desgraçados e dignos de lástima; e, além disso, todo o nosso empenho pastoral se tornaria estéril, não seríamos capazes de empreender coisa nenhuma. Na inviolabilidade da nossa esperança reside o segredo da nossa missão. Ela é mais poderosa que as repetidas desilusões e que a dúvida esgotante, porque recebe a sua força de uma fonte que nem a nossa despreocupação nem o nosso descuido conseguem inutilizar. A fonte da nossa esperança é o próprio Deus que, por meio de Cristo e em favor nosso, venceu o mundo de uma vez para sempre e prolonga hoje, para o nosso bem, a sua missão salvífica entre os homens"[36]. A eucaristia celebrada com essa esperança nos envia ao mundo, para transformá-lo com a força redentora de Jesus Cristo.

9
A missão eucarística ao mundo

Quando na eucaristia damos graças a Deus, o louvamos e o exaltamos, tornamos a nos encontrar novamente com o mistério vital de Jesus, para segui-lo e sermos configurados a ele. O mistério de seu existir pelos outros, o amor, se converte no núcleo vital dos fiéis. Crer significa entrar na comunidade dos seguidores de Cristo, de modo que possamos assumir os sentimentos de Jesus e vivamos fazendo com que nossa vida dê glória a Deus. Toda celebração da eucaristia é uma missão ao mundo, para o conformar de maneira cristã.

---

[36] PAPA JOÃO PAULO II, "Discurso aos bispos austríacos em sua visita *ad limina*", 6 de julho de 1982, in: *AAS* 74 (1982), 1123.

Ele nos envia ao mundo para levar a cabo seu mistério vital: "Não deve ser assim entre vós. Pelo contrário, se alguém quer ser grande dentre vós, seja vosso servo [...]. Pois o Filho do homem veio não para ser servido, mas para servir e dar a vida em resgate pela multidão" (Mc 10,43.45). A eucaristia é missão para acompanhar Jesus em seu caminho, para viver como ele viveu: "No próprio 'culto', na comunhão eucarística, está contido o ser amado e o amar, por sua vez, os outros. Uma Eucaristia que não se traduza em amor concretamente vivido é em si mesma fragmentária. Por outro lado — como adiante havemos de considerar de modo mais detalhado — o 'mandamento' do amor só se torna possível porque não é mera exigência: o amor pode ser 'mandado', porque antes nos é dado"[37].

Esse amor se torna perceptível na celebração eucarística. A eucaristia nos torna capazes para nossa missão de comunicar esse amor e glorificar a Deus em nossa vida cotidiana. Isso ocorre principalmente sob a forma do amor ao próximo: "Nós, porém, amamos, porque ele por primeiro nos amou. [...] Com efeito, quem não ama seu irmão, a quem vê, não pode amar a Deus, a quem não vê. E este é o mandamento que dele recebemos: aquele que ama a Deus também ame seu irmão" (1Jo 4,19-21). Na eucaristia recebemos o amor de Deus corporalmente, para — em nós e por meio de nós — continuar a produzir efeito no mundo. A eucaristia nos envia aos nossos semelhantes, para unir nossas mãos e nossos corações em iniciativas concretas de solidariedade e de amor. Na eucaristia se torna existencial e prático o duplo mandamento do amor a Deus e ao próximo.

A eucaristia é também uma forma singular de anúncio e tem em sua essência uma orientação missionária: "Quando eu for elevado da terra, atrairei todos a mim" (Jo 12,32). No evangelho de João, essa promessa esperançosa está ligada por Jesus a sua entrega na cruz e se cumpre ali onde se torna presença sacramental na celebração da eucaristia. Mediante a eucaristia as pessoas chegam a uma relação viva com Cristo. O apóstolo Paulo expõe o enfoque

---

37 Papa Bento XVI, *Encíclica Deus caritas est*, 14.

estimulante da eucaristia para fora, como anúncio missionário efetivo, com estas palavras: "Pois todas as vezes que comerdes deste pão e beberdes deste cálice, anunciais a morte do Senhor, até que ele venha" (1Cor 11,26). Aquele que ao receber a comunhão experimenta o amor de Deus, haverá de compartilhá-lo também com outras pessoas. A eucaristia é um fortalecimento espiritual para realizar na cotidianidade o amor a Deus e aos homens. É mais que estímulo para o seguimento de Cristo, é sua força motriz.

O encontro pessoal com o Senhor na eucaristia nos revela a beleza da fé, por quanto nos anima e estimula, nos fortalece e capacita, para prosseguir nossa vida diária como um caminho de santidade. Isto é, para viver nosso cotidiano como um caminho de fé, de esperança e de amizade íntima com Jesus Cristo, descobrindo-o e redescobrindo-o incessantemente como caminho, verdade e vida. Pois a amizade com o Senhor nos traz uma paz profunda e um sossego interior inclusive nas horas obscuras e nas provas duras do dia a dia. Quando a fé se encontra com noites tenebrosas, em que não se pode ver nem ouvir a presença de Deus, a certeza de sua amizade nos assegura que na realidade nada nos pode afastar nunca de seu amor (cf. Rm 8,39).

Na eucaristia nos vem ao encontro o Senhor, que nos envia ao mundo. Nesse encontro pessoal não apenas nossa própria vida se transforma, mas vai amadurecendo também a missão no âmbito inter-humano contida na eucaristia, que não apenas pretende afastar e superar os obstáculos e impedimentos entre o Senhor e nós, como também e principalmente as barreiras que separam algumas pessoas das outras. Pois da comunhão íntima com o Senhor brota a força necessária para estabelecer comunhão entre os seres humanos. A eucaristia é celebrar a reconciliação e está a serviço da reconciliação.

A celebração da eucaristia deve nos preencher de boa esperança para lutar e dar testemunho contra a desconfiança ímpia e a resignação paralisante. A eucaristia nos envia para levarmos o Cristo a nossa vida cotidiana, para transformar de maneira cristã o mundo e mudá-lo para melhor. Com isso se esclarece também a designação tradicional da celebração eucarística na Igreja católica: "missa". Um termo que deriva da conclusão litúrgica: *Ite, missa est* (ao pé da letra: "Ide, foi enviada"). A eucaristia é um envio. A palavra conclusiva da liturgia não é tanto uma despedida quanto uma encomenda. Com o mistério pascal de Cristo temos tomado parte na vida divina. Agora, esse mistério que acabamos de celebrar, temos de vivê-lo e levá-lo a cabo na vida cotidiana.

Colocamo-lo em prática quando entendemos cada celebração da eucaristia como um envio pessoal ao mundo para viver o próprio acontecimento eucarístico. O envio missionário de nosso tempo é viver uma espiritualidade eucarística, convidando a todos os fiéis a redescobrir a beleza inerente à eucaristia e a se deixar afetar por ela, para finalmente transmitir, por sua vez, a admiração recém-adquirida. "No meio desta exigência diária de fazer avançar o bem, a evangelização jubilosa torna-se beleza na liturgia. A Igreja evangeliza e se evangeliza com a beleza da liturgia, que é também celebração da atividade evangelizadora e fonte de um renovado impulso para se dar."[38] A Igreja obtém renovação e vitalidade a partir de seu centro eucarístico; por isso é missão nossa acrescentar o amor à eucaristia, para nos tornarmos missionários eucarísticos.

---

38 PAPA FRANCISCO, *Exortação apostólica Evangelii gaudium*, 24.

3
A eucaristia como encontro com o Ressuscitado[1]

Bruno Forte

A reflexão que segue está articulada em três partes: a primeira é sobre a experiência do encontro com o Ressuscitado, do qual nasceu o movimento cristão na história; a segunda, sobre como essa experiência se tornou viva e presente na celebração da eucaristia; a terceira deseja mostrar como — graças a essa representação do encontro pascal com o Ressuscitado — o triplo êxodo que caracteriza a vida e a missão do Filho na carne passa à vida e à missão do discípulo, chamado a ser testemunha da luz e da esperança, tecelão de unidade em Cristo e em sua Igreja.

1
A experiência do Ressuscitado nas origens do movimento cristão

No princípio ocorreu a experiência de um encontro: Jesus se mostrou vivo aos amedrontados fugitivos da Sexta-feira Santa (cf. At 1,3). Esse encontro foi tão decisivo que sua existência ficou to-

---

[1] Traduzido do original italiano: "L'Eucaristia come incontro col Risorto" (cuja tradução alemã se encontra no livro *Eucharistie: Verstehen — leben — feiern*, Ostfildern, Matthias Grünewald Verlag, 2020, 54-66, sob o título "Die Eucharistie als Begegnung mit dem Auferstandenen").

talmente transformada: o medo foi substituído pela coragem, o abandono pelo envio; os fugitivos se converteram em testemunhas, para continuarem a sê-lo até o final, em uma vida entregue sem reservas àquele a quem tinham traído na "hora das trevas". Existe, portanto, um hiato evidente entre o ocaso da Sexta-feira Santa e a alvorada da Páscoa: um espaço vazio, em que teve lugar algo tão importante, que deu origem ao desenvolvimento do cristianismo na história. O que teria sido? Onde o historiador profano não pode senão constatar o inaudito novo começo do movimento cristão, renunciando a explicar suas causas depois do fracasso das distintas interpretações "liberais" do nascimento da fé pascal, que tendiam a convertê-la em uma experiência puramente subjetiva dos discípulos, o anúncio registrado nos textos do Novo Testamento confessa o encontro com o Ressuscitado como a experiência determinante da qual nascem a fé e o anúncio cristão: a essa experiência nos permitem aceder especialmente os cinco grupos de relatos de aparições (a tradição paulina: 1Cor 15,5-8; a de Marcos: Mc 18,9-20; a de Mateus: Mt 28,9-10.16-20; a de Lucas: Lc 24,13-53; e a de João: Jo 20,14-29; 21). Embora esses relatos não se deixem harmonizar entre eles no que diz respeito aos dados cronológicos e geográficos, estão, não obstante, construídos todos eles sobre uma mesma estrutura, que deixa aparecer as características fundamentais da experiência de que falam. Neles se encontra sempre a iniciativa do Ressuscitado, o processo de reconhecimento por parte dos discípulos, a missão, que os torna testemunhas do que haviam "visto com seus olhos, contemplado e tocado com suas mãos" (cf. 1Jo 1,1).

A iniciativa corresponde ao Ressuscitado: é ele quem se mostra vivo (cf. At 1,3), é ele quem "aparece". A forma verbal *óphthē*, usada em 1 Coríntios 15,3-8 e Lucas 24,34, pode ter tanto um sentido médio ("se fez ver, apareceu"), como um sentido passivo ("foi visto"); na versão grega do Antigo Testamento (a Bíblia dos Setenta) se emprega sempre para descrever as teofanias e, consequentemente, no sentido de "apareceu" (cf. Gn 12,7; 17,1; 18,1; 26,2): expressa, por conseguinte, que a experiência dos fiéis das origens cristãs não foi apenas fruto de seu coração, mas teve um caráter de "objetividade", foi algo que passou para eles, algo que veio até eles, não algo que aconteceu com eles. Em resumo, não foi a comoção da fé e do amor que criou seu objeto, mas foi sim o Senhor vivo, foi ele quem suscitou de um modo novo o amor e a fé nele, mudando o próprio coração dos discípulos. Em consequência, não pode ter nenhum fundamento filológico-exegético uma leitura da ressurreição como a que fez Ernest Renan, em referência à visita de Maria de Magdala ao sepulcro: "Poder divino do amor! [...] Momentos sagrados, em que a paixão de uma alucinada dá ao mundo um Deus ressuscitado" (*Vida de Jesus*, cap. XXVI).

Isso não exclui, naturalmente, o processo espiritual que necessitaram as primeiras testemunhas para "dar crédito a seus olhos", a saber: para se abrir interiormente com a liberdade da consciência ao acontecido no Senhor Jesus: é o que nos faz compreender o itinerário progressivo do *reconhecimento* do Ressuscitado por parte *dos discípulos*, sublinhado de maneira cuidadosa pelos textos do Novo Testamento contra possíveis tentações "entusiásticas". Este é o processo que leva a partir do estupor e da dúvida ao reconhecimento do Ressuscitado: "Então os seus olhos se abriram e eles o reconheceram" (Lc 24,31). Esse processo expressa a dimensão subjetiva e espiritual da experiência fontal da fé cristã e garante o espaço da liberdade e da gratuidade do assentimento no encontro com o Senhor Jesus. Crê-se sem ignorar a dúvida, mas vencendo-a mediante um ato de confiança — ainda quando não seja apenas racional — não exclui nunca o discernimento, inclusive racional, dos sinais que se nos dão. Cumpre-se assim a experiência do encontro: em uma relação de conhecimento direto e arriscado, o Vivente se oferece aos seus e os faz viver com uma vida nova, testemunhas desse encontro com ele que marcou para sempre sua existência, e que fez arder seu coração enquanto ainda estava se realizando neles o processo do reconhecimento dele.

A experiência pascal — inseparavelmente objetiva e subjetiva — pela graça do encontro entre o Vivente e os seus se converte em algo como uma *experiência transformadora*, que muda os temerosos fugitivos em testemunhas audaciosas e fiéis até a entrega de si mesmos: nessa experiência tem origem a missão, dela toma impulso o movimento que se ampliará até os confins da terra: "Ide pelo mundo inteiro, proclamai o evangelho a todas as criaturas" (Mc 16,15). Como no caso do apóstolo Paulo, e no de todas as testemunhas da fé em Cristo, não se anuncia senão àquele a quem se encontrou, que se teve uma experiência viva e transformadora: "Deus o ressuscitou dos mortos — disso nós somos testemunhas" (At 3,15; cf. 5,31s, assim como 1,22; 2,32; 10,40s). É a experiência — tanto hoje como então — de uma tripla "identidade na contradição": a primeira, entre o Cristo ressuscitado e o humilhado da cruz; a segunda, entre os fugitivos da Sexta-feira Santa e as testemunhas da Páscoa; a terceira, entre as testemunhas do Ressuscitado e aquele a quem eles anunciam a palavra de vida para que também os destinatários sejam os mesmos graças ao encontro que muda a vida.

No Ressuscitado se reconhece o Crucificado: este reconhecimento, que liga a suprema exaltação à suprema vergonha, faz, certamente, com que o medo dos discípulos se transforme em coragem e eles se convertam em homens novos, capazes de amar a dignidade da vida recebida como um dom maior que a própria vida, dispostos por isso ao martírio. Seu anúncio — fruto de uma irreprimível superabundância do coração — chega e transforma a vida de quem, ao recebê-lo, crê e ao crer se abre para a vida nova oferecida em Jesus, Senhor e Cristo. Por isso, o anúncio fontal, o *kérygma* da boa notícia, se sintetiza na fórmula breve e densa: "Jesus, o Cristo", "Jesus é o Senhor": não se trata da simples atribuição de um título a um sujeito, mas sim do relato de uma história, de uma história que é a autocomunicação de Deus aos homens e, portanto, de nossa salvação, levada a cabo por meio da humilhação e da exaltação do Filho de Deus que veio a nós. Ao identificar no Humilhado da cruz a qualidade de "Cristo-Messias" e ao reconhecer nele o *"Kýrios-'Adonai"*, título com que a fé bíblica invocava o Deus da aliança, a fórmula pascal narra a história de sua exaltação gloriosa, a passagem pela qual ele, o abandonado da Sexta-feira Santa, é reconhecido no mesmo plano que o ser divino, Senhor, com o mesmo senhorio que Deus, ungido pelo Espírito do Eterno e precisamente por isso redentor de seu povo e salvador da humanidade. Da confissão de Jesus como Senhor e Cristo, baseada na experiência do encontro pascal com o Ressuscitado, brota o impulso da missão cristã até os confins da terra e até o final dos tempos.

2
A eucaristia, memória pascal e representação do encontro com o Ressuscitado

O encontro com o Ressuscitado está presente no tempo simultaneamente culminante e fontal na celebração da eucaristia, memorial da Páscoa de Jesus: nela é onde ele torna a se apresentar aos seus, vivo, com a força do Espírito. No encontro eucarístico é onde as três características da experiência pascal das origens se tornam presentes e eficazes na vida do discípulo e de toda a Igreja. É o Senhor ressuscitado em pessoa quem toma a iniciativa da ação de graças e do banquete sacrificial por meio de seu Corpo, a Igreja: é ele quem fala nas Escrituras que são proclamadas, inclusive quando são tiradas do Primeiro Testamento, porque é uma grande verdade que a leitura histórica, profética ou sapiencial se compreende à luz da posterior palavra evangélica; é ele quem se oferece em sacrifício, como mostra com toda clareza o uso da primeira pessoa nas palavras centrais e decisivas do memorial: "Tomai e comei, todos vós: isto é meu corpo, que é dado por vós. Tomai e bebei todos vós: este é o cálice do meu sangue, o sangue da nova e eterna aliança, que é derramado por vós e por todos os homens, para o perdão dos pecados". A iniciativa do Ressuscitado no acontecimento sacramental e eucarístico em particular está sublinhada pelo ininterrupto testemunho da fé eclesial: "Tu te mostraste a mim face a face, ó Cristo, eu te encontro em teus sacramentos" (Santo Ambrósio, *Apologia prophetae David* XII, 58). Por meio de seus ministros é Cristo mesmo aquele que "prega a todas as gentes a palavra de Deus, administra continuamente aos crentes os sacramentos da fé" (Concílio Vaticano II, *Lumen Gentium*, 21). "O que antes era visível em Cristo passou para os sacramentos da Igreja" (São Leão Magno, *Sermo* 74,2).

À iniciativa do Ressuscitado corresponde, na celebração eucarística, o reconhecimento por parte dos discípulos: também aqui a liturgia é fiel representação da experiência pascal das origens. À confissão humilde do pecado no ato penitencial, se segue a aclamação de fé que acompanha a proclamação das leituras; à proclamação solene do Credo, se une a resposta confessante a cada uma das orações ("Amém") e a que vem imediatamente depois da consagração ("Anunciamos, Senhor, a vossa morte e proclamamos a vossa ressurreição. Vinde, Senhor Jesus!"), até o "Amém" solene pronunciado ao se receber o corpo de Cristo. Toda a liturgia eucarística é uma trama de dom e de resposta, de iniciativa do alto e de confissão acolhedora que parte desde o profundo de nossa humildade, para que o coração e a vida sejam preenchidos pelo oferecimento divino. Nos relatos pascais, a fé dos discípulos, que surge progressivamente na experiência do encontro com o Ressuscitado que vem a eles, vai se expressando tanto com invocações de estupor e de adoração ("Rabbuni", "Mestre!": Jo 20,16), como com confissões explícitas de fé nele ("É o Senhor!": Jo 21,7).

Do reconhecimento do Ressuscitado brota, na experiência pascal das origens, o envio e a missão: de modo análogo, a celebração eucarística culmina no envio missionário, que se segue à escuta da Palavra, à acolhida adoradora do memorial, ao dom do pão da vida, alimento para o presente e penhor da vida futura. O próprio nome "missa" leva inscrito nele este caráter de envio e de missão, que une o caminho da Igreja no tempo com suas origens eternas nas missões trinitárias do Filho e do Espírito e com seu destino último no Reino de Deus, tudo em todos, quando o Filho entregará tudo ao Pai. Entre a origem e a consumação se encontra precisamente a encarnação do Verbo, sua Páscoa, a efusão do Espírito e o tempo da Igreja, alimentado e sustentado pelo memorial pascal no que se torna presente no hoje tudo o que de uma vez por todas se consumou na plenitude dos tempos.

O horizonte que a celebração do memorial eucarístico abre aos olhos da fé é assim o de um triplo êxodo de Jesus, Filho do Homem e Filho de Deus, tanto nos dias de sua carne como no tempo da Igreja: o êxodo do Pai ("exitus a Deo"); o êxodo de si próprio ("exitus a se usque ad mortem, mortem autem crucis"); e o êxodo para o Pai ("reditus ad Deum"). Esse triplo êxodo do Filho eterno se torna presente na eucaristia para se comunicar e contagiar aos homens na Igreja peregrina no tempo e convertê-los assim em testemunhas de sua ressurreição. O resultado final dessa representação plena da experiência pascal do encontro com o Cristo Ressuscitado na celebração eucarística é a inserção do discípulo e de toda a comunidade no movimento da vida e da missão do Filho encarnado, a fim de preparar no tempo seu retorno glorioso, crido na fé, antecipado na caridade e esperado no testemunho da esperança mais forte que a dor e que a morte.

3
A eucaristia e o tríplice êxodo de Jesus e do discípulo

a. Discípulos do Único

Em primeiro lugar, o Senhor Jesus, que se apresenta vivo, se oferece à fé pascal como o Filho que aceitou viver *o êxodo a partir do Pai* por amor a nós: ele é a Palavra que saiu do Silêncio, o Filho que se fez solidário conosco que, em uma contínua relação de obediência e de amor com o Pai, nos abre à vida da Trindade divina e nela nos introduz. A esse movimento de doação, com o qual o Deus três vezes santo vem para estar conosco, saindo do eterno silêncio de sua vida imortal, corresponde a atitude que o Novo Testamento chama de "obediência da fé" (*hypakoḗ tês písteōs*). A etimologia ilumina e esclarece o sentido desse ato de resposta: *ob-audire* e *hypò-akoúein* significam "escutar o que está debaixo, atrás, escondido". À revelação, se responde aderindo à Palavra, como discípulos do único Verbo de Deus encarnado: mas a Palavra é porta que nos introduz nos abismos do Silêncio divino. Daí que o encontro com o Ressuscitado, vivido na obediência da fé, seja um convite para transcender a Palavra nos abismos do Silêncio no qual ela introduz. A fé na revelação consumada em Jesus ressuscitado é, por conseguinte, alimento de uma permanente busca, de um constante caminho rumo às profundidades divinas que nos foram abertas na autocomunicação gratuita do Deus vivo.

Assim, pois, se obedece à Palavra escutando o silêncio do qual ela provém e ao qual ela nos abre: "Uma palavra falou o Pai, que foi seu Filho, e esta fala sempre no eterno silêncio, e em silêncio deve ser ouvida pela alma" (São João da Cruz, *Avisos espirituais. Pontos de amor*, 21). Acolhe-se o Cristo ressuscitado na eucaristia ao se deixar regenerar pelo alto, no silêncio da escuta contemplativa da Palavra de Deus e na invocação humilde e fiel que a ela corresponde. Assim, na celebração do memorial pascal, o êxodo de Jesus a partir do Pai entra na acolhida fiel dos discípulos convocados pela Palavra e pelo Pão da vida: na escola do Ressuscitado, encontrado na eucaristia, se experimenta a primazia de Deus na fé, e se aprende a ser *discípulos do Único*, vivendo a dimensão contemplativa da vida para ter sempre presente o horizonte último e a pátria, que nele foram abertos e oferecidos para nós. Do encontro eucarístico com o Senhor vivo se alimenta a fé, como força viva, fonte de caridade e de esperança, de comunhão e de missão.

b. Servos por amor

Em Jesus ressuscitado se manifesta também a consumação suprema do êxodo de si mesmo, vivido por ele até o abandono da cruz, que é o caminho de sua liberdade. Ao aceitar viver para o Pai e para os homens, Jesus se libertou de si próprio de maneira incondicional. A experiência da entrega de si se tornou nele liberdade para amar: a existência do Filho na carne é uma existência totalmente acolhida por Deus e totalmente entregue na liberdade, para a liberdade de todos. Sua vida pública se abre e se encerra com duas grandes agonias da liberdade: a agonia da tentação e a do Getsêmani. O que são essas agonias senão o estar frente à alternativa radical de exercitar a opção da liberdade do êxodo sem volta de si próprio por amor ao Pai e aos homens? Cristo é aquele que optou de maneira radical por Deus, livre de si mesmo, livre para existir para os outros: precisamente assim derrubou o muro da inimizade (cf. Ef 2,14). Na hora da cruz, no zênite de seu caminho de liberdade se oferece Jesus como o Abandonado, livre de si mesmo por amor ao Pai e a nós até aceitar a renúncia absoluta.

Jesus pede essa mesma liberdade a seus discípulos para entrar no dom da vida divina e para levá-lo ao mundo: a Igreja do Crucificado Ressuscitado se perfila, em primeiro lugar, como uma comunidade livre de interesses mundanos, decidida a não se servir dos seres humanos, mas sim a servi-los pela causa de Deus e do Evangelho, uma comunidade que vive do seguimento do Abandonado, disposta a se deixar reconhecer na entrega sem volta de si própria, ainda que em termos humanos isso deva resultar improdutivo ou alienante. E é na eucaristia que a Igreja, como comunidade de discípulos livres na fé e *servos por amor*, se engendra e alimenta: na realização do memorial em que a entrega da cruz se torna presente no altar do sacrifício e do banquete. O êxodo de si do Filho por amor a nós suscita o êxodo de cada um dos fiéis de si mesmos por amor a ele, ao Pai e aos demais. A eucaristia engendra a Igreja como povo da caridade, comunidade da aliança baseada no dom, Igreja do amor vivido como êxodo de si mesmo sem retorno. Precisamente assim é como a eucaristia expressa e alimenta a paixão pela unidade do Corpo de Cristo, que é também a inspiração e a alma profunda da causa ecumênica.

c. Testemunhas do sentido

Por último, Jesus é o Cristo, o Senhor da vida, que vive *o êxodo deste mundo para o Pai*, o retorno à glória da qual ele veio. Jesus se oferece em sua ressurreição como a testemunha da transcendência de Deus com respeito a este mundo, do Último respeito ao que é penúltimo. Ele é o doador do Espírito Santo, a fonte da água viva que vem realizar no tempo o dom de Deus e conduzir os homens à glória dele, tudo em todos. Este terceiro êxodo do Filho do Homem nos lembra que o cristianismo não é a religião do triunfo do negativo, senão que é sim — e continua sendo —, apesar de tudo e contra tudo, a religião da esperança, e que, por conseguinte, os cristãos, inclusive em um mundo que perdeu o gosto por fazer a pergunta sobre o sentido, são os que possuem o Eterno no coração e, portanto, continuam propondo a paixão da Verdade salvífica como sentido da vida e da história de todos. Dar testemunho do horizonte maior próprio da eucaristia como representação da missão do Filho e do Espírito que suscita a missão da Igreja, sua peregrinação incessante rumo a casa do Pai, onde Deus será tudo em todos.

A eucaristia, sacramento de nossa fé

Anunciar o Evangelho do Ressuscitado, do qual a inquietude sem sentido do niilismo pós-moderno tem mais do que nunca necessidade, é o fruto próprio do encontro pascal que a celebração eucarística permite viver aos fiéis com seu Senhor crucificado e ressuscitado. Sem esse horizonte de esperança na impossível possibilidade de Deus, nenhum anúncio nem compromisso caritativo e de justiça poderá seguir adiante até o fim: a paz é obra da justiça que chega sempre e unicamente sobre as asas da esperança, mais forte que qualquer cálculo humano. A revelação consumada na ressurreição do Senhor Jesus, "nossa esperança" e "nossa paz", convoca, pois, os discípulos a dar razão da esperança que há neles com doçura e respeito a todos (cf. 1Pd 3,15), convertendo-se em *testemunhas do sentido* último e pleno da vida e da história, lugar vivo da irrupção do dom de Deus, oferecido a nós no triplo êxodo do Filho do Homem.

Ao êxodo de Jesus deve, portanto, corresponder o nosso: isso exige no plano pessoal e eclesial viver o encontro eucarístico de modo que nos tornemos cada vez mais discípulos do Único, servos por amor e testemunhas da esperança que não decepciona. A eucaristia, ao nos fazer viver o encontro com aquele que é em sua pessoa a esperança do mundo, nos torna testemunhas humildes, apaixonadas e contagiadas por ele, para além de nossos limites e de nossos medos, pela força desse impossível-possível amor que o Espírito infunde por meio do Pão da vida em nossos corações.

4

A Igreja celebra a eucaristia — A eucaristia edifica a Igreja[1]

Kurt Koch

1
Imanência recíproca de eucaristia e Igreja

A Igreja celebra a eucaristia. Esta frase pode ser compreensível de per si para qualquer cristão, especialmente para o católico, tanto mais quanto se está ciente de que a eucaristia não é simplesmente um dos sete sacramentos, mas sim o sacramento de todos os sacramentos, posto que é a fonte, o centro e o cume da vida cristã e eclesial. Mas o que realmente celebra a Igreja na eucaristia só se torna patente se levarmos em consideração também o que diz a outra frase: que a eucaristia edifica a Igreja. Pois ambas as frases estão indissociavelmente vinculadas e apenas juntas manifestam o mistério inteiro da fé eucarística: não somente a eucaristia provém da Igreja, como também — e principalmente — a Igreja provém da eucaristia[2].

---

[1] Título original: "Die Kirche feiert Eucharistie — Die Eucharistie baut Kirche auf". Inédito.

[2] Cf. AHLERS, R., *Communio Eucharistica. Eine kirchenrechtliche Untersuchung der Eucharitielehre im Codex Iuris Canonici*, Regensburg, 1990; ID., "Communio Eucharistica — Communio Ecclesiastica, Zur wechselseitigen Immanenz von

A eucaristia, sacramento de nossa fé

A diferença da primeira frase, que a Igreja celebra a eucaristia, poderia ser que a segunda, a eucaristia edifica a Igreja, tenha calado menos na consciência da piedade atual. De fato, esta está fortemente marcada pelas tendências da modernidade ao individualismo e subjetivismo, que repercutem também na compreensão usual da eucaristia e provavelmente mais ainda na práxis eucarística. É claro que o núcleo positivo dessas tendências faz parte da consciência de que a eucaristia envolve o cristão em uma relação muito pessoal com Cristo, e na eucaristia o cristão está intimamente unido a Cristo e vive em profunda comunhão com ele. A eucaristia é comunhão do fiel com o Cristo ressuscitado e glorificado, que com a força do Espírito Santo regala sua presença na eucaristia.

A presença de Cristo glorificado na eucaristia indica à comunidade dos fiéis e dos congregados para celebrar a eucaristia entre si. De fato, a eucaristia se refere à comunhão e unidade muito pessoal do fiel com Jesus Cristo; mas essa unidade pessoal do fiel com Cristo se encontra no grande contexto total da comunhão da Igreja. Na eucaristia, não é somente o cristão que fica unido individualmente ao Cristo ressuscitado mediante a recepção do corpo de Cristo; senão que, mediante a recepção do corpo de Cristo, os participantes na eucaristia ficam unidos também entre eles, para formar a comunhão do corpo de Cristo. A comunhão eucarística não deve ser entendida e assumida apenas *pessoalmente* como participação dos fiéis em Cristo ressuscitado, mas também *eclesialmente* como comunhão dos fiéis entre si em Cristo. O corpo de Cristo como dom eucarístico e o corpo de Cristo como comunhão eclesial entre os fiéis formam um mesmo e único sacramento[3].

Eucharistie und Kirche", in: AHLERS, R.; KRÄMER, P. (ed.), *Das Bleibende im Wandel. Theologische Beiträge zum Schisma von Marcel Lefebvre*, Paderborn, 1990, 87-103.

3   SCHNEIDER, TH., *Wir sind sein Leib. Meditationem zur Eucharistie*, Mainz, 1977.

2
A última ceia de Jesus como ato fundante da Igreja

O vínculo indissociável entre eucaristia e Igreja e, em correspondência, a conexão interna entre comunhão eucarística e comunhão eclesial manifestam ter claras raízes na mensagem bíblica, as quais recobram expressão visível na celebração da última ceia de Jesus, principalmente nas duas ações significativas do pão partido e do vinho abençoado, junto com as palavras de Jesus que as acompanham. Seu significado profundo só se revela, certamente, quando são consideradas à luz da fé veterotestamentária e da piedade judaica[4].

O caráter comunitário da última ceia se evidencia primeiro no rito do partir o pão, que faz referência à práxis, habitual naqueles tempos, de dar início a cada refeição com a fração do pão. Partir o pão faz com que aqueles que recebem um pedaço do pão partido permaneçam reunidos em comunidade. Quem recebe um pedaço de pão forma parte da comunidade de bênção de Deus. Posto que a fração do pão é um sinal de comunhão de mesa, pode-se então entender por que no Antigo Testamento se considere como a pior ruptura de confiança entre pessoas o fato de que um comensal traia a comunhão de mesa. A traição de Judas é considerada completamente abominável, pois foi levada a cabo depois que Jesus lhe havia dado o bocado de pão que permitia a ele participar da comunhão com Jesus[5].

A seriedade com que logo a Igreja primitiva entendeu a fração do pão pode ser deduzida pelo fato de que se designou a eucaristia precisamente com esse termo: "fração do pão". Partir o pão se tornou na Igreja primitiva o sinal característico para reconhecer

---

[4] Cf. GESE, H., "Die Herkunft des Herrenmahls", in: *Zur biblischen Theologie*, München, 1977, 107-127.

[5] Nesse sentido, São Bernardo de Claraval pôde dizer também (*Sermões super Cantica Canticorum*, 33,16) que a maior amargura para a Igreja não provém de seus inimigos, mas daqueles de sua própria casa com sua paz autocomplacente: *Ecce in pace amaritudo amarissima*. Uma verdade que continua ainda hoje.

o Cristo ressuscitado, como se pode ver na perícope dos discípulos que vão a caminho de Emaús. Quando regressaram de Emaús, "eles contaram o que se passara no caminho e como eles o haviam reconhecido na fração do pão" (Lc 24,35). Da primeira comunidade de Jerusalém se diz nos Atos: "Eles eram assíduos ao ensinamento dos apóstolos e à comunhão fraterna, à fração do pão e às orações" (At 2,42). A fração do pão fundamenta a comunidade. Nesse sentido é como Jesus celebrou sua última ceia com sua nova *chabura*[6], isto é, com os apóstolos, tornados sua nova família. Por isso a fração do pão de Jesus fundamenta *in nuce* a Igreja no sentido do Israel congregado por Jesus[7].

A intenção de Jesus na última ceia, de fundar uma comunidade, aparece mais evidente com o rito de compartilhar o único cálice. Beber juntos do único e mesmo cálice é sinal de profunda solidariedade em uma comunhão de destino. Esta intenção de Jesus é expressa claramente em suas palavras sobre o cálice, transmitidas certamente com diversas variantes nas tradições bíblicas, mas que fazem referência, ainda que com diferentes nuanças, a tradições veterotestamentárias da aliança. Na tradição de Marcos-Mateus, as palavras de Jesus sobre o cálice, nas quais se fala de "o sangue da aliança, que se derrama por todos", foram tiradas do relato veterotestamentário sobre a aliança do Sinai. Ali, Moisés asperge primeiro com o sangue do sacrifício o altar, como sinal do Deus escondido, e finalmente o povo, dizendo: "Este é o sangue da aliança que o Senhor firmou convosco, com base em todas estas palavras" (Ex 24,6-8). O rito do sangue no Sinai significa que Deus entra em uma misteriosa comunhão de sangue com os homens, de tal modo que passa a lhes pertencer. Quando na última ceia Jesus oferece o cálice a seus discípulos e diz: "Isto é meu sangue, o sangue da Aliança", as palavras de Deus no Sinai se tornam patentes aqui

---

[6] Também *"haburá"*. Literalmente "comunhão", referência ao pequeno grupo de judeus ou de famílias judaicas que se reúne para orações em comum e para compartilhar elementos do dia a dia da existência. (N. do T.)

[7] Cf. RATZINGER, J., "Das Pascha Jesu und Kirche", in: *Schauen auf den Durchbohrten. Versuche einer spirituellen Christologie*, Einsiedeln, 1984, 87-92.

com um novo enfoque e uma nova profundidade. Por sua vez, na tradição lucana-paulina, Jesus fala sobre o cálice de uma "nova aliança, selada com meu sangue". Esta tradição se refere ao profeta Jeremias, que tinha prometido que Deus, em lugar da aliança do Sinai, quebrada pelos homens, estabeleceria uma aliança nova que não poderia ser quebrada: Deus vai substituir a aliança antiga condicional — dependente da fidelidade dos homens à lei e que, portanto, levou mais vezes à ruptura — por sua nova aliança incondicional, na qual ele se vincula a si próprio irrevogavelmente. Esta nova aliança, inquebrantável e definitiva, é a que Jesus estabelece na última ceia. Ao falar explicitamente de "meu sangue", Jesus está expressando que não apenas institui essa aliança nova, como também é ele mesmo essa nova aliança de Deus, selada com seu sangue derramado em favor de muitos.

Na última ceia, Jesus antecipa o que propriamente só se cumprirá na cruz: o acontecimento pascal de sua própria entrega por amor em prol dos seres humanos. Pois Jesus não fala na última ceia somente de seu corpo e de seu sangue, mas sim especificamente de seu corpo, entregue por vós, e de seu sangue, derramado por vós. Na última ceia, Jesus cumpre de antemão seu morrer na cruz e o transforma a partir de dentro em um ato de autoentrega amorosa. A última ceia e a cruz estão indissoluvelmente ligadas. Isso deixa inteiramente claro que a última ceia de Jesus não é simplesmente uma ação cultual isolada. As ações significativas e as palavras de Jesus que as acompanham e explicam mostram em vez disso que a última ceia é "a conclusão da aliança e, enquanto tal, a fundação concreta do povo: o povo chega a sê-lo mediante seu pacto de aliança com Deus"[8]. Os discípulos chegam a ser esse povo mediante a comunhão com o corpo e o sangue de Jesus. Indica-se com isso que tampouco a Igreja pode ser povo e nem chegar a sê-lo, se não sendo e chegando a ser povo a partir do corpo e do sangue de Jesus, e, portanto, a partir da eucaristia.

---

8   RATZINGER, J., *Zur Gemeinschaft gerufen. Kirche heute verstehen*, Freiburg i. Br., 1991, 25. Cf. também ID., "Der Neue Bund. Zur Theologie des Bundes im Neuen Testament", in: *Die Vielfalt der Religionem und der Eine Bund*, Hagen, 1998, 47-79.

Assim como Jesus não apenas celebrou a última ceia, senão que com ela fundou a Igreja, assim também a Igreja não apenas celebra a eucaristia, mas é edificada a partir dela.

3
A Eucaristia como sacramento da Unidade

A conexão vital indissociável, fundamentada na última ceia de Jesus, entre a comunhão eucarística e a eclesial foi objeto de reflexão e aprofundamento sobretudo por parte de Paulo. Quando Paulo fala da ceia do Senhor, começa sempre com a frase: "Quando vos reunis em assembleia..." (1Cor 11,18). Para Paulo, a celebração da ceia do Senhor é essencialmente um reunir-se, um congregar-se. Segundo ele, uma das denominações mais antigas da eucaristia é a de *sýnaxis*, que significa assembleia e reunião do povo de Deus. Pois, em seu núcleo fundamental, a Igreja é assembleia eucarística e existe Igreja sobretudo ali onde se celebra a eucaristia: *Ubi eucaristia, ibi ecclesia.*

É neste sentido que a Igreja nascente deu para si o nome de *ekklēsia*, vinculando-se com a sinagoga judaica[9]. Na língua grega profana, esse termo designa a assembleia geral de uma comunidade política; na linguagem da fé, a assembleia dos fiéis. Diferencia-se do primeiro uso principalmente porque na *pólis* grega os varões se reúnem para adotar acordos importantes, ao passo que no culto cristão os fiéis se reúnem não para firmar eles mesmos algum acordo, mas sim para escutar e acolher atentamente o que Deus acordou e dar a ele seu consentimento. A palavra *ekklēsia* quer dizer, portanto, em seu núcleo assembleia para o culto, fazendo referência à eucaristia e designando a assembleia dos crentes em Cristo convocada para a eucaristia. A essência mais profunda da Igreja é, portanto, a assembleia eucarística: a Igreja está principalmente ali

---

[9] Cf. PESCH, R., *Gott ist gegenwärtig. Die Versammlung des Volkes Gottes in Synagoge und Kirche*, Augsburg, 2006.

onde os fiéis se reúnem para celebrar a eucaristia. A Igreja é a comunidade daqueles que se deixam convocar por Cristo para receber o corpo eucarístico de Cristo e, a partir da eucaristia, se tornarem cada vez de uma maneira nova, o corpo de Cristo.

Paulo encontrou uma expressão exata para essa conexão vital entre eucaristia e Igreja ao empregar no capítulo 10 da Primeira Carta aos Coríntios o conceito de "corpo de Cristo", tanto para o dom eucarístico como para a comunhão eclesial: "A taça da bênção que nós abençoamos não é porventura uma comunhão com o sangue de Cristo? O pão que partimos não é uma comunhão com o corpo de Cristo? Visto haver um só pão, todos nós somos um só corpo; porque todos participamos desse pão único" (1Cor 10,16-18). Quão importante seja para Paulo a indissociável conexão entre o "corpo de Cristo" eucarístico e o eclesial, pode se deduzir do fato de que ele — a diferença de todas as demais tradições neotestamentárias sobre a ceia — muda a ordem das palavras sobre o pão e sobre o cálice, mais exatamente, faz preceder a frase sobre o cálice à frase sobre o pão. O motivo desse procedimento chamativo e arbitrário só pode estar no fato de que dessa maneira Paulo pode deixar mais evidente a conexão entre a eucaristia e a comunhão eclesial. Passa imediatamente do "corpo de Cristo", em que o pão eucarístico dá a participação sacramental, para o "corpo de Cristo", que é realmente a Igreja. Torna assim inteligível que a edificação da Igreja acontece mediante a eucaristia e que a unidade dos muitos fiéis na única Igreja provém do único pão eucarístico e, portanto, do único Cristo: posto que Cristo é somente um, também o pão eucarístico é somente um; e posto que os fiéis alcançam, mediante esse único pão, comunhão com o único Cristo, também a Igreja enquanto corpo de Cristo pode ser somente uma. A partir da eucaristia, a *ekklēsía* não é apenas simbolicamente como o corpo de Cristo, senão que é muito concreta e realmente o corpo de Cristo.

A acentuação enfática em Paulo da vinculação indissociável entre comunhão eucarística e eclesial se manteve consequentemente na época da primeira Igreja. A *Didaqué* expressou esse nexo íntimo com uma imagem eloquente: "Da mesma maneira que este pão, que partimos, estava disperso sobre os montes, e reunido se fez um, assim seja reunida tua Igreja dos confins da terra em teu reino"[10]. Santo Agostinho, principalmente, entendeu tão profundamente a conexão vital entre a eucaristia e a Igreja que a pôde condensar em uma fórmula sucinta: "Em consequência, se vós sois o corpo e os membros de Cristo, vosso mistério está sobre a mesa do Senhor. Sede o que vedes e recebei o que sois. Recebei o corpo de Cristo, sede o corpo de Cristo"[11]. Por isso a eucaristia é para Agostinho "sinal de unidade, vínculo de caridade"[12]. Nessa mesma linha o Papa Leão Magno enfatizou que a participação no corpo e no sangue de Cristo faz com que "passamos a ser aquilo que recebemos"[13].

Além disso, essa visão dos Padres da Igreja se encontra na grande tradição posterior da Igreja, principalmente no prestigioso teólogo Tomás de Aquino, para quem a *res* propriamente dita, como o fundamento mais profundo da eucaristia, é a unidade da Igreja, pela qual chama a eucaristia de *sacramentum ecclesialis unitatis*[14]. A comunhão eucarística e a comunhão eclesial estão tão intimamente vinculadas, que não se pode desligar a corporeidade do sacramento eucarístico da corporeidade da comunidade eclesial, sem provocar de uma só vez a dissolução tanto da Igreja como do sacramento da eucaristia. Esta visão é comum na grande tradição da Igreja, tanto no Oriente como no Ocidente.

4
Dimensão eclesial da eucaristia

Se temos presente a visão bíblica e a grande tradição da Igreja na patrística e na Idade Média, será preciso recordar também que la-

---

10 *Didaché* 9,4.
11 Santo Agostinho, *Sermo* 272.
12 Id., *In Ioan.*, tr. 26, c. b. n. 13.
13 São Leão Magno, *Sermo* 63,7.
14 Santo Tomás de Aquino, *Suma Teológica*, III, q. 73, a. 3, São Paulo, Loyola, ⁴2021.

mentavelmente nem sempre se preservou na história da Igreja a fundamentação eucarística da Igreja e a correspondente dimensão eclesial da eucaristia, senão que ambas foram deturpadas e caíram no esquecimento. O renomado teólogo francês Henri de Lubac mostrou com insistência[15] como, em consequência da segunda controvérsia sobre a ceia no século XI, o vínculo entre o corpo eucarístico de Cristo e o corpo eclesial de Cristo foi desaparecendo em grande medida da consciência. Uma das graves repercussões desta evolução se pode rastrear na funesta individualização, quando não privatização, da concepção da eucaristia e de sua celebração, que continua influenciando até hoje na consciência comum de não poucos católicos quando buscam na eucaristia o "corpo de Cristo" sacramental sem o "corpo de Cristo" eclesial. Pois ao permanecer dissociadas entre si a eucaristia e a Igreja, também a eucaristia se torna, em boa medida, individualista.

Diante disso constitui um mérito do Concílio Vaticano II ter podido superar essas perspectivas unilaterais arraigando novamente a comunhão eclesial na comunhão eucarística, quando a Constituição dogmática sobre a Igreja, *Lumen Gentium*, assinala: "Ao participar realmente do corpo do Senhor, na fração do pão eucarístico, somos elevados à comunhão com ele e entre nós"[16]. Essa visão integral do Concílio foi recolhida com ênfase pelo Papa João Paulo II em sua última encíclica *Ecclesia de eucharistia*, tornando-a fecunda para a vida da Igreja e do ecumenismo.

A revitalização conciliar da dimensão eclesial da eucaristia cobra nítida expressão na oração eucarística, na qual se proclama uma tríplice comunhão. No *memento ecclesiae* se confessa a comunhão com a Igreja inteira, articulando sua unidade visível e enunciável com o bispo local e o bispo de Roma como Papa da Igreja universal. Mencionar os nomes do bispo local e do Papa na oração eucarística garante que se esteja celebrando realmente a única eucaristia, possível somente na única Igreja. A menção do bispo local e do

---

15 DE LUBAC, H., *Corpus Mysticum: Essai sur l'Eucharistie et l'Église au moyen âge*, Paris, 1944 (trad. alemã: *Corpus mysticum. Kirche und Eucharistie im Mittelalter*, Einsiedeln, 1969).

16 LG 7.

papa é "expressão da comunhão que dá plenitude de sentido a cada celebração eucarística a partir de sua essência mais íntima"[17].

A dimensão comunitária da esperança escatológica proclamada na eucaristia e sua vivência antecipada na liturgia eclesial é apresentada como uma incorporação no final dos tempos à "comunhão dos santos" já consumada no céu. No *memento sanctorum* expressamos nossa convicção crente de que a celebração da eucaristia concede já agora a firme confiança de chegar a consumar nossa participação na ressurreição de Jesus Cristo, que, entretanto, só se pode obter em comunhão com todos os que nos precederam nessa consumação.

No *memento mortuorum* estão incluídos também na comunhão dos santos todos os defuntos, pedindo para eles a misericórdia divina e sua admissão na glória do Pai. Recorre-se para isso à imagem bíblica do banquete no reino de Deus consumado, no qual as pessoas que agora celebram a eucaristia alcançarão a participação definitiva após sua morte; com isso se sublinha mais uma vez a dimensão comunitária da consumação e sua antecipação litúrgica na eucaristia, como se diz na oração eucarística III: "Acolhei com bondade no vosso reino os nossos irmãos que partiram desta vida e todos os que morreram na vossa amizade. Unidos a eles, esperamos também nós saciar-nos eternamente da vossa glória".

Memento ecclesiae, memento sanctorum e *memento mortuorum*: com este tríplice *memento*, melhor inteligível como "uma atualização verbal de uma comunidade de sacrifício e comunhão que supera o espaço e o tempo"[18], tem expressão na linguagem litúrgica da unidade inseparável de comunhão eucarística e comunhão eclesial, tornando manifesto o sentido profundo que na tradição católica a expressão habitual para a recepção do dom eucarístico se denomine "comunhão". Pois a Igreja se origina e subsiste pelo fato de que Cristo ressuscitado se comunique a nós seres humanos,

---

17 KASPER, W., "Einheit und Vielheit der Aspekte der Eucharistie. Zur neuerlichen Diskussion um Grundgestalt und Grundsinn der Eucharistie", in: *Theologie und Kirche*, Mainz, 1987, 300-320, aqui 316 (trad. esp.: *Teología e Iglesia*, Barcelona, Herder, 1989).

18 MESSNER, R., *Einführung in die Liturgiewissenschaft*, Paderborn, 2011, 200.

entre em comunhão conosco e nos leve também à comunhão entre nós. Daqui que o grande serviço do Concílio Vaticano II tenha sido o ter descrito a essência da Igreja por meio do conceito teológico chave de *communio*[19].

Foi principalmente no Sínodo extraordinário dos Bispos de 1985 que, vinte anos após o encerramento do Concílio, se propôs determinar o estado da Igreja, o que resumiu os impulsos conciliares em face de uma eclesiologia de comunhão renovada no conceito básico de *communio*[20]. Esta palavra pode servir como síntese da eclesiologia conciliar, enquanto nela se pode perceber o novo, e ao mesmo tempo mais originário, como "o autêntico coração do Vaticano II em torno da Igreja"[21].

5
A eclesiologia de comunhão como eclesiologia eucarística

A comunhão eclesial é, em seu mais profundo, comunhão eucarística e a eucaristia é o sacramento da comunhão eclesial por excelência. Por isso a eclesiologia de comunhão conciliar é a partir de dentro eclesiologia eucarística. O que ela significa e implica é possível esclarecer em um horizonte ecumênico. Pois diversas Igrejas

---

[19] Cf. KASPER, W., "Kirche als Communio. Überlegungen zur ekklesiologischen Leitidee des II. Vatikanischen Konzils", in: *Theologie und Kirche*, op. cit., 272-289 (trad. esp.: "La iglesia como *communio*. Reflexiones sobre la idea eclesiológica rectora del Concilio Vaticano II", in: *La Iglesia de Jesucristo*, OCWK 11, Santander, Sal Terrae, 2013, 405-425); HILBERATH, B. J. (ed.), *Communio. Ideal oder Zerrbild von Kommunikation?*, Freiburg i. Br., 1999.

[20] KASPER, W., *Zukunft aus der Kraft des Konzils. Die ausserordenliche Bischofssynode '85*, Freiburg i. Br., 1986 (trad. esp.: "El futuro que brota de la fuerza del concilio. Comentario de Walter Kasper ao Sínodo extraordinario de los OBispos de 1985", in: *La Iglesia de Jesucristo*, OXWK 11, Santander, Sal Terrae, 2013, 153-199).

[21] RATZINGER, J. — PAPA BENTO XVI, *Gottes Projekt. Nachdenken über Schöpfung und Kirche*, Regensburg, 2009, 102.

e comunidades eclesiais cristãs mantêm uma eclesiologia eucarística, certamente com características muito diferentes. Vale a pena repassá-las brevemente para dar concretude, na comparação com elas, à eclesiologia de comunhão do Concílio Vaticano II.

a. Concepção litúrgico-cultual da Igreja

É necessário recordar em primeiro lugar que uma eclesiologia eucarística foi desenvolvida primeiramente por teólogos ortodoxos russos no exílio de Paris após a Primeira Guerra Mundial. Esses primeiros começos foram formulados em contraposição consciente com o que eles percebiam como um centralismo do papado na Igreja católica romana; mas é claro, por exemplo para Nikólai Afanasiev, também contra processos estruturais eclesiais de ortodoxia, que levaram à formação de patriarcados autocéfalos. Nessa visão ortodoxa, a Igreja de Jesus Cristo está presente e realizada em toda Igreja local congregada em torno de seu bispo onde se celebra a eucaristia. Posto que a Igreja local que celebra a eucaristia com seu bispo é entendida como representação, atualização e realidade da única Igreja no lugar concreto, cada comunidade eucarística é inteiramente Igreja, sem que nada mais lhe falte. Portanto, uma maior unidade da comunidade eucarística local com outras comunidades que celebram a eucaristia é, em última análise, uma dimensão extrínseca a ela e a unidade horizontal das igrejas locais entre si é considerada como não constitutiva de seu ser eclesial, pelo menos não no sentido que teologicamente tinha que ser dado necessariamente. Reconhecem essa unidade como uma beleza que pertence sem dúvida à plenitude da Igreja, mas para eles, em última análise, não é constitutiva. O que vale é válido *a fortiori* no que diz respeito a uma possível unidade das diversas comunidades eucarísticas com o bispo de Roma, visto que, segundo a perspectiva ortodoxa, muito menos poderia existir uma prioridade da Igreja universal em princípio frente às Igrejas locais

Também a tradição reformada parte de uma compreensão cultual da concepção de Igreja. Sua forma clássica foi constituída na Confissão de Augsburg de 1530, segundo a qual a Igreja é a assembleia dos fiéis na qual o evangelho é pregado em sua pureza e os sacramentos são administrados segundo o evangelho[22]. Visto que, segundo a perspectiva protestante, essas duas ações fundamentais são levadas a cabo nas comunidades locais concretas, a Igreja de Jesus subsiste em cada comunidade local e a comunidade vale como realização prototípica da Igreja. Manifesta-se aqui o fundamento teológico de que a compreensão protestante da Igreja está focalizada por inteiro na comunidade do lugar concreto, como se pode constatar já no reformador Martinho Lutero. Ele julgou o termo "Igreja" como "uma palavra cega e equívoca"[23], declarando-o um conceito negativo e expressou a essência teológica da Igreja com o termo "comunidade". Seguindo essa linha da tradição, também hoje a compreensão protestante da Igreja tem seu nítido ponto-chave e como seu centro de gravidade teológico a comunidade concreta local: a Igreja de Jesus Cristo em sentido pleno está presente na concreta comunidade litúrgica congregada em torno à palavra e ao sacramento. Certamente, ainda segundo a concepção protestante, as diversas comunidades estão em intercâmbio mútuo. Portanto, se dá implicitamente uma dimensão supracomunitária da Igreja, mas é ultimamente de natureza extrínseca e por isso secundária, o que vale ainda mais no que diz respeito à dimensão universal da Igreja.

As duas eclesiologias que delineamos, a ortodoxa e a protestante, orientadas ao serviço do culto, não têm que se colocar em contraposição fundamental com a compreensão católica da Igreja, senão que podem se integrar em uma visão católica mais ampla. Contudo, a diferença essencial deve ser vista na determinação diversa da relação entre Igreja local e Igreja universal. A visão protestante está guiada por uma forte concentração na comunidade; a visão ortodoxa implica uma forte eclesiologia das Igrejas locais; ao passo que para a eclesiologia católica é fundamental a imbricação mútua de Igreja local e Igreja universal, que foi expressa no Concílio Vaticano II por meio da fórmula básica de que "[as Igrejas

---

[22] *Confessio Augustana*, art. 7.
[23] LUTERO, M., WA 50, 625.

particulares], nas quais e pelas quais existe a Igreja católica, una e única"[24]: "Esta Igreja de Cristo está verdadeiramente presente em todas as legítimas comunidades locais de fiéis, as quais, aderindo aos seus pastores, são elas mesmas chamadas igrejas no Novo Testamento"[25]. A constituição da Igreja católica se poderia comparar melhor com uma elipse com dois focos: a pluralidade das Igrejas locais e a unidade da Igreja universal: é *communio ecclesiarum* e *communio ecclesiae*. Está constituída por uma eclesialidade ao mesmo tempo local e universal, portanto, ao mesmo tempo, episcopal e papal.

Observando sob essa luz, a Igreja católica compartilha desde já com a teologia ortodoxa uma eclesiologia eucarística, que inclui a própria responsabilidade de cada Igreja particular; mas se diferencia dela na acentuação de uma eclesiologia eucarística, que abre a autossuficiência da Igreja local ao conjunto mais amplo do universal. A eclesiologia católica também compartilha com a teologia protestante a convicção de que a Igreja está presente por inteiro na comunhão eucarística concreta; mas se distingue dela pela convicção de que cada comunhão eucarística não pode ser, e não o é, a Igreja inteira[26].

---

[24] LG 23.

[25] LG 26.

[26] Felizmente hoje também há teólogos da tradição reformada que percebem e acentuam de modo novo a dimensão supracomunitária e universal da Igreja, precisamente a partir da eucaristia. Para o teólogo evangélico Wolfhart Pannenberg, a realidade eucarística da presença de toda a cristandade na presença de Jesus Cristo no pão e no vinho da eucaristia implica a Igreja total. Pois em cada celebração eucarística "está sempre com o verdadeiro corpo do Senhor de uma só vez toda a Igreja em escala mundial, mas também a Igreja de todas as gerações anteriores de cristãos desde o tempo dos apóstolos e dos mártires da Igreja antiga" (PANNENBERG, W., "Kirche als Gemeischaft der Glaubenden", in: *Kirche und Ökumene = Beiträge zur Systematischen Theologie*, vol. 3, Madrid, U. P. Comillas, 2007, 11-22, aqui 15; trad. esp.: *Teología sistemática*, vol. 3, Madrid, U. P. Comillas, 2007). E também o teólogo evangélico Günther Wenz sublinha que cada comunidade litúrgica está, segundo sua essência, "vinculada de modo inalienável a uma referência eclesial universal" e que, em consequência, a Igreja, enquanto *congregatio sanctorum*, é ao mesmo tempo comunidade de todos os crentes (WENZ, G., "Communio Ecclesiarum.

b. Rede eclesial universal de comunidades eucarísticas

Visto que do ponto de vista católico a Igreja é construída a partir da Eucaristia, ela se apresenta como uma rede ampliada de comunidades eucarísticas estendidas por todo o mundo; e por isso a unidade das distintas comunidades eucarísticas entre si, em comunhão com o respectivo bispo e com o bispo de Roma enquanto Papa da Igreja universal, é uma dimensão constitutiva de seu ser eclesial. Essa visão está fundamentada no convencimento cristológico e da teologia eucarística segundo o qual o Corpo de Cristo, presente na eucaristia de cada comunidade particular, une os participantes com todos os demais que creem no mesmo Jesus Cristo e se incorporaram ao seu Corpo mediante o batismo e a eucaristia. Segundo isso, o Cristo ressuscitado está inteiramente presente em cada comunhão eucarística e por isso está presente em todas as partes como o Uno, de modo que a unidade com ele só é possível em unidade com todos os outros que também são seu Corpo e vão se tornando cada vez de maneira nova seu Corpo ao celebrar a eucaristia. Aqui se encontra a razão mais profunda pela qual a unidade das comunidades que celebram a eucaristia ente si não é simplesmente um acréscimo extrínseco à eclesiologia eucarística, mas sua condição intrínseca.

Além disso, segundo a compreensão católica, essa condição intrínseca não apenas vale em relação à comunhão atestada na eucaristia com o respectivo bispo enquanto presidente da Igreja local, mas também mirando à vinculação das Igrejas locais com o bispo de Roma. Seu primado não é exclusivo e nem primariamente um acréscimo jurídico e meramente extrínseco à eclesiologia eucarística, mas está fundamentado nela mesma, pois a Igreja, que se apresenta e se realiza como uma rede em escala mundial de comunidades eucarísticas, requer também no âmbito universal um serviço à unidade com plenos poderes. Definitivamente, o ministério

---

Die theologische Relevanz de ökumenischen Verständigung: Bestimmung und Beleuchtung einer protestantischen Zielperspektive": KNA-*Dokumentation* 7, 10 de julho de 2001, 1-10, aqui 3).

papal só é compreensível a partir dessa rede eucarística mundial[27]. Por isso é um elemento essencial permanente da Igreja, pois está a serviço da unidade eucarística e cuida para que a Igreja se mensure continuamente com o metro da eucaristia.

Essa vinculação entre eucaristia e ministério papal foi expressa já anteriormente por Santo Inácio de Antioquia em sua Carta aos romanos no ano 110, quando assinalou a cátedra do bispo de Roma como a Igreja que "preside no amor". Visto que na Igreja primitiva a palavra "amor" (*agápē*) designa também o mistério da eucaristia, em que se vivencia com particular intensidade o amor de Cristo pela sua Igreja, se torna visível que o bispo de Roma assume sua particular responsabilidade sobre tudo, vivendo sua "presidência na caridade" e vinculado entre si, por meio da eucaristia, em uma Igreja universal todas as Igrejas locais do mundo inteiro. O ministério petrino é um primado de amor no sentido eucarístico, que cuida na Igreja de uma unidade que torne possível e proteja a comunhão eucarística, impedindo de modo efetivo e fidedigno que um altar seja utilizado contra outro altar. O primado do bispo de Roma é um serviço à unidade eucarística da Igreja e tem inerente, em particular, a missão de "atrair os homens num abraço eucarístico — o abraço de Cristo — que supera toda a barreira e estranheza, criando a comunhão entre as múltiplas diferenças"[28].

A partir da eucaristia se torna totalmente visível a essência mais profunda da Igreja: cada Igreja local que celebra a eucaristia é *totalmente* Igreja, mas nenhuma Igreja local é a Igreja na *totalidade*. Ao contrário, só é realmente igreja se estiver em relação com todas as Igrejas locais que celebram a eucaristia e em unidade com a presidência petrina no amor. Essa dimensão "católica" — no sentido original da palavra — da eucaristia teve nítida expressão na Igreja primitiva por meio das chamadas cartas

---

[27] Cf. FORTE, B., "Il primato nell'eucaristia. Considerazioni ecumeniche intorno al ministero petrino nella Chiesa": *Asprenas* 23 (1976), 391-410. Cf. também GARUTI, A., "Ecclesiologia Eucaristica e primato del Vescovo di Roma", in: KARWACKI, R. (ed.), *Benedictus qui venit in nomine domini*, Radom, 2009, 455-472.

[28] PAPA BENTO XVI, *Homilia no Consistório Ordinário Público para a criação de novos cardeais e pelo voto de algumas causas de canonização*, 19 de fevereiro de 2012.

de comunhão, denominadas *litterae communicationis* e *litterae pacis*. O cristão que saía em viagem levava consigo essa credencial de sua comunhão eucarística, lavrada pelo bispo. Com isso encontrava acolhida em qualquer comunidade cristã e cultivava a comunhão no Corpo de Cristo como centro da hospitalidade eucarística. Pois em virtude da eucaristia todo cristão se encontra em casa em qualquer comunhão eucarística e a pertença à comunhão eucarística possui caráter universal enquanto pertença à Igreja. Quem pertence a *uma* Igreja local pertence, em virtude da eucaristia, ao mesmo tempo a *todas*. A participação na eucaristia implica a incorporação ao único Cristo e, portanto, a união de todos os comungantes na comunhão universal da Igreja.

6
Eucaristia e comunhão eclesial

Esse contexto mais amplo lança luz também sobre o problema espinhoso da comunhão eucarística entre cristãos de diversas comunidades eclesiais, que representa uma questão candente em toda eclesiologia eucarística. A circunstância de que na atual situação não é possível que todos os cristãos se congreguem na única mesa do Senhor é uma profunda chaga no Corpo de Cristo, à qual o ecumenista evangélico Wolfhart Pannenberg fez uma clara referência: "A persistente divisão das Igrejas se revela de maneira mais clara e insuportável na mútua exclusão da comunhão eucarística, a qual foi fundada pelo próprio Cristo na instituição de sua ceia como celebração da unidade entre eles, que os discípulos alcançam na comunhão com ele"[29]. Não devemos nos resignar a essa chaga; mas tampouco devemos eliminá-la com uma intervenção, pois, pela verdade da fé, ela está sangrando. A eucaristia e, portanto, a relação entre eucaristia e Igreja, é um mistério de fé e pressupõe a unidade da Igreja.

---

[29] PANNENBERG, W., *Christliche Spiritualität. Theologische Aspekte*, Göttingen, 1986, 45.

A eucaristia, sacramento de nossa fé

Para a Igreja católica é fundamental a relação interna entre eucaristia e Igreja. Por isso se atém — como a maioria das Igrejas cristãs — ao princípio de que cada um participa da eucaristia na comunidade eclesial à qual pertence. No fundo se encontra a convicção, já viva na Igreja antiga, de que não pode existir uma comunhão eucarística verdadeira sem comunhão eclesial, tampouco uma comunhão eclesial plena sem eucaristia. Em virtude dessa unidade indissociável entre comunhão eclesial e comunhão eucarística, não pode ter lugar do ponto de vista católico um convite aberto e geral para a eucaristia, nem muito menos para a chamada intercomunhão[30].

Na situação ecumênica atual, é oportuno relembrar que essa convicção tinha até meados do século XX um amplo consenso. Tomavam também parte desse consenso as Igrejas e comunidades eclesiais surgidas após a Reforma, como se pode deduzir já do fato de que entre as Igrejas luteranas e reformadas não se dava uma comunhão de ceia, apesar do acordo já existente na doutrina da justificação. Pois também elas se guiaram pela convicção da conexão entre comunhão eucarística e comunhão eclesial, segundo a qual a ruptura da comunhão eclesial significa a exclusão da comunhão eucarística e, inversamente, a retomada da comunhão eucarística é sinal e confirmação da retomada da comunhão eclesial[31]. Esse consenso ecumênico surgiu nas Igrejas da Reforma apenas na década de 1970, exatamente com a *Concórdia de Leuenberg*, pela qual entre as Igrejas luteranas, reformadas e unidas se acordou a comunhão de pregação e de ceia, incluído o mútuo reconhecimento do ministério e da ordenação, mas não a plena comunhão eclesial. A comunhão de ceia é mais favorecida principalmente pela razão de que unicamente Cristo é quem convida à ceia e que desse convite ninguém deve ficar excluído e que, consequentemente, à Igreja deve ser negada a pretensão de querer tomar decisões sobre quem tem permissão de tomar parte na ceia e quem não.

---

30 Cf. Koch, K., "Eucharistie und Kirche in ökumenischer Perspektive", in: *Eucharistie. Herz des christlichen Glaubens*, Freiburg/Schweiz, 2005, 89-124.

31 Cf. Elert, W., *Abendmahl und Kirchengemeinschaft in der Alten Kirche hauptsächlich des Ostens*, Berlin, 1954.

Também para a Igreja católica resulta evidente que é Cristo quem convida para sua ceia. Claro, isso não responde às perguntas subsequentes: Cristo convida a quem? A que Cristo convida? Por meio de quem Cristo convida? E quem convida realmente?[32]. Por causa da indissociável conexão entre eucaristia e Igreja, a Igreja católica se vê obrigada a especificar: como Cristo é quem convida, por isso a Igreja pronuncia esse convite e a celebração eucarística está dirigida por um sacerdote, cuja consagração e missão se remete a Cristo. A partir da perspectiva católica não é compreensível como, precisamente na eucaristia, se deveria permitir uma tal separação tão ampla entre Jesus Cristo e a Igreja, como a derivada da atual postura das Igrejas da Reforma, na qual se pressupõe uma relação entre Cristo e a Igreja que vai esmorecendo a visão sacramental da Igreja. Na medida em que se entende a Igreja como sinal sacramental e instrumento de Jesus Cristo, resulta impossível separar entre si a comunidade de Cristo e a comunidade da Igreja. Uma concepção sacramental da Igreja tem que captar em sua unidade interna a comunidade de Cristo, a comunidade eucarística e a comunidade da Igreja.

Aqui reside a razão última pela qual, a partir do ponto de vista católico, o objetivo dos esforços ecumênicos não pode consistir simplesmente na mediação da assim chamada intercomunhão, mas sim, primeira e principalmente, no restabelecimento da comunhão eclesial, no seio da qual também terá seu lugar autêntico a comunhão da eucaristia. Por isso o cardeal Karl Lehmann preveniu com razão contra "a dissolução e como desmembramento de certa consonância e vinculação entre a unidade eclesial e a comunhão na ceia do Senhor", tirando daí a consequência: "A ceia em comum pertence em suma à etapa final dos esforços ecumênicos, e não à etapa inicial"[33]. Também o cardeal Walter Kasper, com

---

32 Cf. KOCH, K., *Dass alle eins seien*. Ökumenische Perspektiven, Augsburg, 2006, especialmente 98-116: "Christus lädt zum Abendmahl ein".

33 LEHMANN, K., "Einheit der Kirche und Gemeinschaft im Herrenmahl. Zur neueren ökumenischen Diskussuin um Eucharistie — und Kirchengemeinschaft", in: SÖDING, Th. (ed.), *Eucharistie. Positionem katholischer Theologie*, Regensburg, 2002, 141-177, aqui 171-172.

respeito ao projeto ecumênico da Igreja evangélica alemã que tomou forma em seu *votum* "Comunhão eclesial segundo a concepção evangélica", sublinhou que quem deseja uma comunhão eucarística não pode deixar de colocar, com abertura ao diálogo, a questão da comunhão eclesial. "Não se pode, pois, exigir por um lado a comunhão eucarística — e isso comporta também, justamente, a comunhão eclesial — e afirmar por outro lado a incompatibilidade das noções católica e protestante de comunhão eclesial. Isso não encaixa."[34]

A perspectiva católica está fundamentada na relação entre batismo e eucaristia especificada pelo Concílio Vaticano II. O decreto sobre o ecumenismo *Unitatis redintegratio* contempla, por um lado, o fundamento da pertença de todos os cristãos à Igreja no batismo, que constitui "um poderoso vínculo sacramental de unidade entre todos os que com ele se regeneraram". Mas, por outro lado, o batismo é por sua própria essência "apenas um princípio e começo, pois ele todo se dirige à consecução da plenitude da vida em Cristo" e, por isso, está ordenado "à profissão íntegra da fé, à plena incorporação aos meios de salvação determinados por Cristo e, finalmente, à íntegra incorporação na comunhão eucarística"[35]. Enquanto o batismo concede uma comunhão básica, porém imperfeita, entre os cristãos e é, portanto, o vínculo sacramental de unidade, continua estando ordenado por outro lado à profissão comum de fé e à celebração da eucaristia como plenitude e culminância da unidade da Igreja.

Nesta consideração da relação entre o batismo e a eucaristia está o lugar preciso do ecumenismo hoje. Mantém-se entre a comunhão básica no vínculo sacramental do batismo, por um lado, e a ainda impossível comunhão plena na eucaristia, por outro[36].

---

[34] KASPER, W., "Kirchegemeinschaft als Ökumenischer Leitbegriff", in: *Wege zu Einheit der Christen. Schriften zur Ökumene I*, WKGS 14, Freiburg i. Br., 2012, 105-124, aqui 110 (trad. esp.: "La comunión de las Iglesias como motivo rector del ecumenismo", in: *Caminos hacia la unidad de los cristianos*, OCWK 14, Santander, Sal Terrae, 2014, 105-124, aqui 110).

[35] UR, 22.

[36] Frente a isso, o *votum* do grupo ecumênico de trabalho de teólogos evangélicos e católicos, com o título "Juntos na mesa do Senhor", julga que a figura da co-

Esse lugar compromete todos os cristãos e todas as Igrejas em amadurecer na aproximação ecumênica sobre o fundamento comum do batismo, e considerar suas implicações e consequências eclesiológicas, para que possa chegar a hora em que os cristãos terão assento, juntos, na única mesa do Senhor. Somente então seria possível uma eclesiologia eucarística ecumênica. Não seria então já uma eclesiologia eucarística ferida, mas sim curada, a caminho, pela qual devemos continuar percorrendo ecumenicamente. A esse propósito estão destinadas as reflexões ulteriores, necessárias na perspectiva ecumênica, sobre a Igreja, a eucaristia e o ministério em sua indissociável conexão mútua[37]. Pois nesses temas, apesar do que se diz às vezes na Alemanha, ainda não foram resolvidos pelos teólogos todos os problemas — de modo que estes dependeriam apenas dos direcionamentos das Igrejas.

7
A eucaristia como constituição e identidade da Igreja

Uma vez que consideramos amplamente a verdade de fé que a eucaristia edifica a Igreja, voltaremos outra vez, ainda que brevemente, ao fato elementar de que a Igreja celebra a eucaristia, vislumbrando com isso sua identidade íntima e, ao mesmo tempo, realizando-a. Em nenhum momento está a Igreja tão claramente em seu elemento como quando celebra a eucaristia. Pois na eucaristia, ce-

---

munhão eclesial vinculada ao batismo válido é suficiente para uma comunhão na ceia, no sentido de uma admissão geral recíproca para receber a ceia do Senhor, ou eucaristia. No fundo está a convicção de que de maneira análoga ao "consenso básico sobre o batismo" conhecido na discussão ecumênica, também se pode partir de um "consenso básico" sobre a eucaristia, ou ceia. Torna-se patente lá que esse *votum* foi guiado em grande medida pela concepção ecumênica subjacente à *Concórdia de Leuenberg* e não pelo princípio católico da conexão indissociável entre comunhão eclesial e comunhão eucarística.

[37] Cf. KOCH, K., "Auf dem Weg zur Kirchengemeinschaft. Welche Chance hat eine gemeinsame Erklärung zu Kirche, Eucharistie und Amt?": *Catholica*, 69 2015, 77-94.

lebração da presença de Cristo crucificado e ressuscitado, recobramos, a cada vez, novamente consciência de que o decisivo em nossa vida eclesial não pode ser feito por nós, seres humanos, mas que é, na realidade, concedido a nós e cabe-nos apenas recebê-lo. Além disso, na eucaristia nos tornamos conscientes de que tampouco — e em menor medida — a unidade da Igreja pode ser efetuada por nós, mas que ela é dom de Deus. Os Padres da Igreja mostraram a esse respeito a circunstância de que, na Paixão segundo João, a túnica de Jesus era de uma só peça e sem costuras, de modo que os soldados romanos não a rasgaram; os Padres viram aí a imagem da Igreja una, que Deus mesmo havia tecido e que por isso era indestrutível, tirando como conclusão de que a unidade da Igreja não é obra humana, mas que ela procede apenas de Deus.

Por isso somos obrigados mais vezes a entender a eucaristia ao pé da letra: isto é, como ação de graças, louvor e bênção. A eucaristia nos convida a restituir a Deus tudo o que temos recebido, como seu louvor, para que tudo possa se tornar eucaristia na vida cristã e eclesial. Não devemos receber nada sem louvar a Deus, sem dar-lhe eucaristia. A celebração da eucaristia espera de nós, cristãos, que vivamos como pessoas agradecidas ou, mais exatamente, como pessoas eucarísticas, que na eucaristia se arraigam tão profundamente no Cristo crucificado e ressuscitado, que lhe são devedoras de toda sua vida, que toda sua vida consiste na restituição e resposta agradecida ao dom vivo do Deus criador e que, como São Francisco de Assis disse uma vez com grande profundidade, a vida inteira pode se tornar uma única oração eucarística.

A celebração da eucaristia deixa continuamente claro para a Igreja que ela está fundada em um fundamento que ela mesma não se deu, e nem mesmo se pode dar, nem pode inventar um novo. A Igreja celebra a eucaristia para certificar-se mais e mais vezes de que ela própria vive da eucaristia: "A Igreja vive em comunhão eucarística. Seu serviço litúrgico é sua constituição, pois por sua própria essência ela mesma é serviço a Deus e, portanto, serviço aos homens, serviço de transformação do mundo"[38]. Quem pensa

---

[38] RATZINGER, J. — PAPA BENTO XVI, Gottes Projekt. Nachdenken über Schöpfung und Kirche, Regensburg, 2009, 103.

isso, considerará a dramática diminuição da participação dos fiéis batizados na celebração dominical da eucaristia como uma evolução que afeta a Igreja em seu núcleo mais íntimo. Uma vez que uma das verdades óbvias da fé católica é que a participação dos batizados na celebração eucarística dominical representa "um barômetro apurado da participação restante na vida eclesial"[39], um dos capítulos principais da hodierna urgente e necessária renovação da Igreja deveria ser a redescoberta da eucaristia como fonte, centro e culminância da vida cristã e eclesial.

Toda reforma verdadeira da Igreja deve ser medida com o metro da eucaristia, se é que realmente quer ser reforma e não se tornar re-formação. Ao passo que a reformação transforma o que estava por reformar em algo diferente do que era antes, a reforma nunca pode resultar em que o reformado não seja idêntico àquilo que estava por reformar. Ou seja, uma autêntica renovação deve ser re-forma em seu significado original, isto é, restabelecimento da forma original, autêntica e verdadeira. A Igreja a encontra na eucaristia, que é sua constituição íntima. Pois não apenas a Igreja celebra a eucaristia e a eucaristia edifica a Igreja, senão que a própria Igreja vive como comunidade eucarística no próprio local e no mundo inteiro e é, em seu núcleo mais íntimo, eucaristia, sacramento de unidade para a união mais íntima com Deus e como toda a humanidade.

---

[39] LEHMANN, K., *Frei vor Gott. Glauben in öffentlicher Verantwortung*, Freiburg i. Br., 2003, 210.

Sobre os autores

Bruno Forte

Doutor em Teologia. Arcebispo de Chieti-Vasto (Itália).

George Augustin, SAC

Doutor em Teologia e sacerdote palotino. Professor de Teologia Dogmática e Fundamental na Escola Superior de Filosofia e Teologia de Vallendar (Alemanha). Faz acompanhamento espiritual de sacerdotes na diocese de Rottenburg-Stuttgart.

Kurt Koch

Doutor em Teologia e cardeal. Presidente do Pontifício Conselho para a Promoção da Unidade dos Cristãos (Roma).

Walter Kasper

Doutor em Teologia e cardeal. Presidente emérito do Pontifício Conselho para a Promoção da Unidade dos Cristãos (Roma).

Edições Loyola

editoração impressão acabamento

Rua 1822 n° 341 – Ipiranga
04216-000 São Paulo, SP
T 55 11 3385 8500/8501, 2063 4275
www.loyola.com.br